學校輔導與諮商
生態系統與多元文化取向

張曉佩 著

作者簡介

張曉佩

現職：國立臺中教育大學諮商與應用心理學系副教授
國立臺中教育大學諮商中心諮商專業督導
學歷：國立暨南國際大學輔導與諮商研究所博士
國立暨南國際大學輔導與諮商研究所碩士
證照：諮商心理師
經歷：臺中市第四屆學生輔導諮詢會委員
臺中市諮商心理師公會第五屆理事長、第六屆常務監事
中華民國諮商心理師公會全國聯合會第四屆、第五屆理事
臺中市教育局中二區專任輔導教師團體督導
國立中興大學健康與諮商中心兼任諮商心理師、
諮商專業督導
財團法人台灣世界展望會中區辦事處特約諮商心理師
財團法人台中市南區家扶中心特約諮商心理師
財團法人南投家扶中心特約諮商心理師
研究領域：家庭暴力、自殺危機、學校霸凌議題、多元文化諮商、
生態系統取向
獲獎榮譽：2011 年榮獲 Enrico E. Jones Memorial Award
2021 年榮獲教育部教育實習合作團體同心獎

作者序

　　這是一本為目前正在從事以及未來即將從事學校輔導諮商的專業工作者而寫的書。

　　筆者自 2005 年取得諮商心理師證照後，即開始從事兒童與青少年諮商工作，期間適逢教育部推動教訓輔三合一方案，因此筆者有機會以諮商心理師的專業角色進入國小與國中校園為學生提供諮商服務。那段期間的實務經驗，讓我深刻體會學生面臨的困境或議題相當多元，而且這些困境或議題的成因往往錯綜複雜，可能同時與學生的個人因素、家庭系統、同儕關係、師生關係、社會文化因素等都有關聯，因此我當時曾在每次與學生的個別諮商之外，嘗試和學生的家長、導師進行聯繫互動，希望邀請這些利益相關人一起為學生的正向改變而努力。過程中因筆者對系統工作和多元文化知識的缺乏，做出了許多冒犯他人的舉動，進而遭受很多挫折，例如筆者曾自以為是專家地「教導」導師應該如何改變班級經營的方式，導致導師拒絕再與筆者有任何互動。然而，也是這些慘痛的經驗，促使我意識到學習與裝備系統工作和多元文化知識的必要性，並採取改變的實際行動。

　　2015 年筆者開始於大學教授「學校輔導與諮商」這門課，望著這些未來即將成為專輔教師或專任專業輔導人員的莘莘學子，筆者期望能將這些寶貴經驗傳承給學生們，除了希望他們能少走冤枉路，也期望學生能裝備豐厚知能，成為勝任的學校輔導諮商專業人員（專輔教師、專任專業輔導人員），並成為學校系統的重要資產，因此撰寫這本書的動機醞釀成形。

　　本書分為三篇共十一章。第一篇說明學校輔導諮商工作典範與工作取向的轉變，包括第一章論述台灣的學校輔導諮商工作在鉅視時間

系統中的變革，以及這些變革的實質意義；第二章說明學校輔導諮商工作的典範從個人內在模式轉移到生態系統模式的必要性，並詳細論述生態系統與多元文化對學校輔導諮商工作的啟發；第三章探討在學校系統以多元專業合作模式來推動輔導諮商工作的必然趨勢，詳細說明影響多元專業合作的因素以及推動多元專業合作的可行策略。

第二篇從第四章到第九章，以生態系統及多元文化觀點探討學生面臨的困境與議題，包括校園霸凌、經濟不利與貧窮、中輟、模糊性失落、家庭暴力以及自殺危機。每一章均呈現以生態系統與多元文化知識對議題的概念化、議題對學生及其系統的影響、具體的生態系統與多元文化輔導諮商策略等。

第三篇探討專業倫理議題，包括第十章說明校園常見的法律與倫理議題，例如知後同意、保密、紀錄撰寫等；第十一章討論學校輔導諮商專業人員的自我照顧議題，包含專業認同、影響專業效能與專業耗竭的因素、自我照顧策略等。

本書能夠完成要感謝許多人。首先是我的學生李親萱、林祐萱，分別以身處校園系統中的實務工作者和正在接受培訓的準實務工作者的視框，協助校閱本書的架構以及論述邏輯，他們所提供的寶貴建議，都讓這本書的內容更完整，實用有效性也更高。

再來要感謝我的支持系統，包括專業領域的工作夥伴與私人領域的家人朋友，謝謝你們讓「一起，會更好」（together is better）在我的生活中體現。

最後要感謝心理出版社的總編輯林敬堯先生與編輯群，謝謝您們從我提出寫書構想的那一刻起，就全然信任我，並提供相關的資源與協助，讓此次寫書的過程成為一個相當美好的經驗。

張曉佩

2023 年仲夏　於求真樓

目次
CONTENTS

PART 1　學校輔導諮商工作典範與工作取向的轉變

Chapter 1　學校輔導諮商工作本質與內涵的關鍵轉變 / 003

壹、前言 / 003

貳、《國民教育法》第 10 條修訂之前 / 003

參、《國民教育法》第 10 條修訂與《學生輔導法》
　　制定：生態合作運作模式 / 006

肆、三級輔導工作的內涵 / 007

伍、結語 / 013

Chapter 2　以生態系統與多元文化為理論視框的必要性 / 015

壹、學校輔導諮商工作的典範轉移 / 015

貳、生態系統理論 / 017

參、學校輔導與諮商中的多元文化觀點 / 026

肆、結語 / 029

Chapter 3　多元專業合作的必然趨勢 / 031

壹、前言 / 031

貳、多元專業合作的定義與內涵 / 032

參、多元專業合作的優點 / 033

肆、影響多元專業合作的因素 / 035

伍、進行多元專業合作的原則與策略 / 038

陸、結語 / 043

PART 2　學生面臨的困境與輔導諮商策略

Chapter ④ 校園霸凌 / 047

壹、前言 / 047

貳、壓迫理論對霸凌動力的闡釋 / 047

參、霸凌對學生的影響 / 049

肆、預防與處理霸凌事件的原則和策略 / 051

伍、結語 / 064

Chapter ⑤ 經濟不利與貧窮 / 067

壹、前言 / 067

貳、經濟不利與貧窮對學生的影響 / 068

參、學業復原力的內涵與重要性 / 069

肆、培植學生學業復原力的原則與策略 / 073

伍、培植學業復原力輔導諮商方案舉隅 / 075

陸、結語 / 077

Chapter ⑥ 中途輟學 / 079

壹、前言 / 079

貳、學習成就與中輟 / 080

參、影響學生中輟的系統性與文化性因素 / 080

肆、輔導諮商處遇的原則與策略 / 087

伍、結語 / 097

Chapter ⑦ 模糊性失落 / 099

壹、前言 / 099

貳、模糊性失落的內涵 / 099

參、模糊性失落對學生的影響 / 101

肆、輔導諮商專業人員支持與協助學生的原則 / 107

伍、可行的輔導諮商模式與策略 / 111

陸、結語 / 115

Chapter ⑧ 家庭暴力 / 117

壹、前言 / 117

貳、家庭暴力的本質與對學生的影響 / 117

參、學校系統的角色與功能 / 121

肆、輔導諮商處遇的原則與策略 / 123

伍、結語 / 129

Chapter ⑨ 自殺危機 / 131

壹、前言 / 131

貳、校園自殺危機對輔導諮商專業人員的影響 / 132

參、自殺危機的風險因子與保護因子 / 133

肆、正視與推動死亡教育 / 136

伍、自殺防治教育與訓練方案 / 137

陸、自殺危機評估 / 145

柒、結語 / 152

PART 3　專業倫理議題

Chapter 10　專業倫理與法律規範 / 155

壹、前言 / 155

貳、倫理準則內涵 / 155

參、校園常見的法律與倫理議題 / 157

肆、結語 / 162

Chapter 11　專業耗竭與自我照顧 / 163

壹、前言 / 163

貳、專業認同 / 164

參、專業耗竭 / 166

肆、自我照顧的策略 / 168

伍、結語 / 170

參考文獻 / 171

學校輔導諮商工作典範與工作取向的轉變

Chapter 1

學校輔導諮商工作本質與內涵的關鍵轉變

壹、前言

　　台灣在 2011 年公布《國民教育法》第 10 條的修法內容，明確設置中小學專任輔導教師及增置專任專業輔導人員，各縣市政府教育局依法陸續設立學生輔導諮商中心；2014 年制定公布《學生輔導法》，成為現今各級學校輔導工作推動的最高法源依據。《學生輔導法》第 1 條開宗明義說明：學校輔導工作的目的是「為促進與維護學生身心健康及全人發展」，由此可見學生輔導是教育的主體之一，而非附加的工作，凸顯台灣的學校輔導諮商工作的本質與內涵在教育體制與法律的變革之下，持續朝法制化與專業化的方向發展。

貳、《國民教育法》第 10 條修訂之前

　　台灣推動輔導諮商工作已超過一甲子，隨著時間系統中的政治、經濟、文化等社會變遷，不同時期的輔導諮商工作有不同的發展特色，其中以修訂《國民教育法》第 10 條是關鍵的分水嶺。本段落呈

現修法前的學校輔導諮商工作之本質與內涵，主要參考〈臺灣輔導的基石：學校輔導工作六十年的回顧與展望〉（王麗斐等人，2018），讀者可閱讀該文獻以獲得更完整的資訊。

一、個別實驗運作模式時期

　　1950 年至 1965 年此時期台灣的學校輔導諮商工作有兩大焦點，其一是由教育部推動的僑生輔導，著重於學生的學習輔導與生活輔導；其二是在 1959 年由台大醫院附設兒童心理衛生中心在台北市東門國小試辦全方位的學校心理衛生實驗方案，簡稱「東門方案」。東門方案的重點在於解決學生適應不良的問題，運作方式是透過個案研討會、講座以及心理測驗量表，協助全校教師裝備心理衛生知能，以達到早期辨識與早期預防的目標；同時也在東門國小成立心理衛生室，設有輔導教師的編制，將兒童心理健康工作納入學校行政體系，並設有轉介專業機構的機制，亦即將個案轉介至台大醫院兒童心理衛生門診。東門方案雖然已初具學校輔導工作的雛形，然而它採用的是矯正治療的觀點，尚未能從促進與發展的角度進行學校輔導諮商工作。

二、課程預防運作模式時期

　　中國輔導學會（現今的台灣輔導與諮商學會）在 1966 年建請教育部召集國內專家學者成立相關委員會，研擬與推動中等學校的輔導制度。當時台灣由於政治因素而處於戒嚴時期，學校教育以訓育文化為主，輔導思維要進入校園相當不容易，因此學者以迂迴策略來推動學校輔導諮商工作，以「指導」替代「輔導」，並以「課程植入」的方式在國中推動輔導工作，於 1968 年在課程中增列「指導活動」課程，涵蓋教育輔導、生活輔導與職業輔導。此時，輔導工作以正式課

程的形式成為教育的一環。

　　上述以指導替代輔導的迂迴策略，在宗東亮教授持續倡導的努力下，終於在 1975 年有了關鍵性突破。教育部在該年修訂國民小學課程標準時，直接正名為「輔導」，1983 年國民中學課程標準修訂時，指導活動課也正名為輔導活動課，至此輔導工作在學校系統中終於突破妾身未明的困境，可以名正言順地成為學校教育的一環；直到 2004 年實施九年一貫課程，國中輔導活動課與童軍課、家政課整合為綜合活動領域。

　　以課程方式推動輔導諮商工作雖具重大意義，然各校的實施情況有相當大的落差，更出現不少學校因升學壓力，將輔導活動課程配課給主科教師，導致輔導活動課有名無實。此外，有些教師進行輔導活動課程時，著重活動而忽略輔導，致使課程雖然活潑有趣與吸引學生，但缺乏及早辨識學生議題的功能，因而無法回應學生個別化的輔導需求。

三、方案計畫運作模式時期

　　教育部於 1991 年至 2003 年期間大力推動「輔導工作六年計畫」與「青少年輔導計畫」，著重培育輔導人才、充實輔導設施、整合輔導活動、擴展輔導層面以及提升教師輔導知能等目標，這個時期主要以專案形式推動各種議題的輔導工作，例如「春暉專案」、「璞玉專案」、「朝陽專案」，將輔導概念採全面式與普及式的方式在國中與國小校園內推動。然這兩大計畫因未能從學校輔導工作現場的實際現況與需求出發，反而引起學校輔導人員的誤解和抗拒，也出現缺乏延續性、合作性與具體目標等限制。

　　此外，1996 年的「教育改革總諮議報告書」裡，教育部提倡將教學、訓導與輔導進行整合的輔導工作方式，亦即「建立學生輔導新

體制——教學、訓導、輔導三合一整合實驗方案」，同時引入三級輔
導體制的概念，強調全體教師皆負有輔導之責，也頒布《教師輔導與
管教學生辦法》，推動認輔制度；同時試辦由不具教師資格的專業輔
導諮商人員（諮商心理師、臨床心理師、社工師）入校進行學生輔導
工作，逐步建構學校與社區、醫療、司法、社政等單位的橫向網絡，
使得學校輔導工作逐漸從僅在校園內運作，擴大到與校外資源的連
結。教訓輔三合一方案有助於學校輔導工作的全面化與普及化發展，
每位教師都能輔導學生的概念促使認輔制度的出現，激勵一般教師參
與學生輔導工作，卻也導致不少學校誤以為認輔教師就足以勝任學生
輔導工作，使學校教師對輔導專業有錯誤的理解，進而導致學校輔導
工作出現「專業化」與「普及化」的分歧立場。

參、《國民教育法》第 10 條修訂與 《學生輔導法》制定：生態合作運作模式

　　2011 年政府修訂《國民教育法》第 10 條，明定國民中小學應聘
任輔導教師與專業輔導人員。為了協助這些新增置的專業輔導人力及
早勝任工作，以回應學校輔導工作的需求，教育部於 2013 年委託國
立台灣師範大學王麗斐教授及其團隊編製《國民中學學校輔導工作參
考手冊》與《國民小學學校輔導工作參考手冊》，提出 WISER 三級
輔導工作模式。2014 年通過公布的《學生輔導法》，讓三級輔導體
制成為台灣學校輔導工作的法定架構，分別為發展性輔導、介入性輔
導與處遇性輔導。期間王麗斐教授與其團隊持續就 WISER 模式進行
修正，在 2016 年提出 WISER-2.0 三級輔導工作模式。

　　WISER-2.0 三級輔導工作模式的 W 代表以「全校做」（Whole

school）、「聰明做」（Working smart）、「雙贏做」（Win-win）
這三個原則來推動發展性輔導工作；介入性輔導強調重視個別化介入
（Individualized intervention）、系統合作（System collaboration）與
持續性評估（on-going Evaluation）三項原則；處遇性輔導則須掌握
整合校內外多元資源（Resource integration）的原則。WISER 模式強
調學校輔導人員要真正落實輔導工作，需要有智慧地規劃與統整三級
輔導工作，亦即發展性輔導、介入性輔導與處遇性輔導這三者缺一不
可。

　　長期以來，許多人認為輔導諮商工作可以由單一輔導諮商人員來
進行，這樣的想法其實是忽略了學生所面臨的議題與輔導諮商工作
的生態系統性本質，因此 WISER 模式要強調的是以生態系統與合作
來推動輔導諮商工作，如此才能跳脫以個人內在的觀點來理解學生議
題的框架，以及突破輔導諮商人員陷入個人單打獨鬥的困境。此外，
依據《學生輔導法》第 7 條的內容明確指出學校校長、教師及專業輔
導人員均負有輔導學生的責任，行政單位要共同推動三級輔導相關措
施，在在顯示學校輔導工作需要採取合作取向，挹注多元資源共同努
力，才能真正落實不僅維護學生身心健康，也要協助學生全人發展的
目標。

肆、三級輔導工作的內涵

　　《學生輔導法》第 6 條第 1 項明定「學校應視學生身心狀況及需
求，提供發展性輔導、介入性輔導或處遇性輔導之三級輔導」（教育
部，2014），以下依序說明各級輔導工作的內涵。

一、發展性輔導

　　《學生輔導法》第 6 條第 2 項第 1 款說明發展性輔導的範疇與定位，條文內容為「為促進學生心理健康、社會適應及適性發展，針對全校學生，訂定學校輔導工作計畫，實施生活輔導、學習輔導及生涯輔導相關措施」，顯見發展性輔導是三級輔導工作中最基礎與重要的工作，全校學生都是輔導諮商工作的對象，以預防勝於治療的原則來回應學生身心發展與學習的需求。其中，生活輔導的目標在於協助學生有良好的情緒發展、人際互動以及團隊合作能力；學習輔導的目標是強化學生的學習動機，協助學生裝備學習方法與策略；生涯輔導的目標是鼓勵學生自我探索，以了解自己的能力與興趣，並欣賞與接納自己。學校教師可以透過常態性課程、班級經營以及主題性的活動，例如生命教育、性別平等教育、法治教育、校外參訪等來推動生活輔導、學習輔導與生涯輔導，進而達成上述目標。

　　學校在規劃發展性輔導活動時，需考量學生特質與需求，並結合學校文化，建立具有學校本位特色的學校輔導工作計畫。《國民小學學校輔導工作參考手冊》（第二版）提出發展性輔導工作可分為三個層級，首先是全校層級，由校長負起領導的職責，整合校內各處室資源，根據學校特色建立友善與正向的校園環境；其次是支援層級，由輔導室擔任統籌的角色，規劃具學校特色的發展性輔導方案，提供全校教師輔導諮詢服務，成為全校教師進行發展性輔導活動的最佳後盾；其三是班級層級，由導師和科任教師結合原有之課程，將輔導概念融入於教學與班級經營之中，協助學生投入及參與有助於生活、學習與生涯發展的學校活動。

二、介入性輔導

　　《學生輔導法》第 6 條第 2 項第 2 款說明介入性輔導是已經進行發展性輔導但「仍無法有效滿足其需求，或適應欠佳、重複發生問題行為，或遭受重大創傷經驗等學生，依其個別化需求訂定輔導方案或計畫，提供諮詢、個別諮商及小團體輔導等措施，並提供評估轉介機制，進行個案管理及輔導」（教育部，2014）。由此可見介入性輔導的工作重點包括：（1）提供個別化介入，例如個別諮商、小團體輔導、班級輔導；（2）進行系統合作，例如與教師或家長進行諮詢、召開個案會議等；以及（3）在過程中持續評估個別化介入與合作的成效。

（一）個別輔導與諮商

　　學校輔導諮商專業人員進行個別輔導與諮商時須根據學生的年齡與成熟度來決定一次輔導諮商的時間長度，而頻率通常是一週一次或兩次。一旦輔導諮商專業人員決定為學生進行個別輔導諮商，設定清楚的目標是一件重要的事，可藉由詢問學生下列問題來達成：（1）學生將他們主要的問題界定為何？（2）學生對這個問題的感受？（3）學生對輔導諮商專業人員將如何處理主要問題的期待為何？在場面架構的階段，藉由回答上述問題，輔導諮商專業人員可以和學生為每次的晤談建立目標，這些目標可為諮商的進行提供方向與基本架構。

　　當與年幼的個案進行諮商時，有一些實務上的因素必須先考量，包括：（1）由於兒童的自我中心知覺，使得他們在個別關係裡很難專心，因此幫助兒童將注意力集中在與自身發展和行為有關的特定議題上，是一項挑戰。輔導諮商專業人員要避免配戴會分散兒童注意

力的飾品，還要注意諮商時間的長度，大約 20～30 分鐘較為適當。
（2）兒童的知覺會限制他們理解問題的能力，因此輔導諮商專業人員需設計一些活動或創新的技巧來進行諮商，例如運用治療性的繪本。（3）避免使用過多封閉式問句，此類型問句會引發兒童產生有限、一個字句的回應。（4）謹慎處理諮商關係的結束，與兒童的家長或老師討論後，輔導諮商專業人員可能會做出結束諮商關係的決定，有幾個方式可以幫助兒童做準備，包括回顧他們和你進行諮商的想法與感覺、增強他們在諮商關係中建立的成功經驗與進展、鼓勵他們表達從開始進行諮商到結束的感覺，以及提供其他資源管道給他們。

（二）團體輔導與諮商

團體輔導與諮商所提供的環境，可以讓輔導諮商專業人員幫助許多學生，而學生可以輪流從別人身上學習並且互相幫助。團體輔導諮商包括開放式團體與封閉式團體兩種，開放式團體是指成員可以來去自如，會期是無限次的，例如新生適應團體，會有新生進入團體，對學校生活已經適應的學生就會離開團體。封閉式團體的成員是固定的，通常是由輔導諮商專業人員透過篩選晤談後來參加特定主題的團體。

對中小學而言，採取封閉式團體較為適宜，原因包括：（1）中小學階段的學生在有架構的情況下表現較好；（2）學校通常是一個須遵守精確時程表和傳統例行公事的嚴謹組織，因此學校教師和行政人員對具架構的封閉式團體接受度較高。

輔導諮商專業人員要在學校推動團體輔導諮商通常會有難度，因為教師有擔保所有學生都能充分達到學業上發展的壓力，因此要讓他們准許學生離開課堂不上課，會令其感到有些勉強與不願意。此時，

輔導諮商專業人員要面臨的挑戰就是如何展現輔導諮商服務可以幫助學生改善對學習的知覺、態度和行為，進而提升學生的學習成就，並以此來爭取教師的支持。一旦輔導諮商專業人員讓團體裡的學生有正向的改變，學校教師後續讓其他學生參與的意願就會提高。另外，可以設計時間表，藉由交錯團體聚會的日期與時間，運用不同的課程活動時間進行團體輔導諮商，避免單一科目被過度地影響。其他提高教師讓學生參與團體輔導諮商意願的可行策略，包括提供團體時間表給教師、運用同儕志工協助帶領較年幼的學生前來團體、設計團體通行證讓教師得以確認學生的行蹤，以及利用早修或午休時間。

（三）諮詢

當家長或教師為了學生的特定問題來尋求輔導諮商專業人員的意見時，所形成的助人關係在本質上是三角關係，輔導諮商專業人員是諮詢者，家長或教師是受諮詢者，特定的問題稱為情境。諮詢者的角色是和受諮詢者一同探究情境，找出可行的解決方法，因此諮詢是一個歷程，包含了：（1）幫助教師了解個別學生的需求，找出可以改善學生學習的資源，或是調整教學策略以讓班上所有學生都能獲益；（2）提供家長關於孩子的資訊，以及如何支持孩子學習與發展的方法；（3）和學校及社區的其他專家合作，討論並推動可以提升學生發展的策略。

學校輔導諮商專業人員還有一項重要的諮詢工作，就是幫助教師開發與家長和家庭溝通更有效的方式，而且這些方法對教師和家長來說不會造成太大負擔。諮詢過程應幫助教師了解他們的觀點會影響他們是否使用主動性策略以獲得家長的參與，當教師對家長參與以及對與不同背景的人互動持更開放的態度時，就更有可能採取鼓勵家長參

與的策略（Smith et al., 1997）。此外，Vaughn 與 Dugan（2017）也認為在輔導諮商專業人員進行家長諮詢時，採用以優勢為基礎的取向是重要的，因為它強調互相尊重、避免專家權威性、理解他人的主觀經驗、考慮各層次系統間的影響、傾聽學生的聲音、以關係的建立為本、看重關係間的平行歷程，且能持續灌注希望等工作原則。

（四）個案會議

個案會議是一個讓個案的利益相關人以及多元專業工作者可以進行資訊分享、溝通與討論的重要平台，透過個案會議可以對個案議題有更清楚的理解，對輔導諮商目標與計畫形成共識，並以此共識進行資源整合與建立合作機制。

召開與進行個案會議需掌握及留意的重要事項如下：

1. **建立共同解決問題，而非究責的基調**：學校輔導諮商專業人員提出召開個案會議的需求時，須向參與會議的利益相關人傳達「要借重您的想法與建議，一同協助個案的議題可以獲得更好的改善，使個案在學校的人際與學習可以有更多正向的成長」此一重要訊息，如此可以讓個案會議形成「共同解決問題」的基調，避免陷入相互責備、具破壞性的氛圍與動力。

2. **聚焦優勢與成功經驗**：輔導諮商專業人員要避免讓個案會議變成利益相關人責備與標籤化個案的場合，可行的做法是簡要地陳述個案的議題、聚焦個案的優勢能力、具體化過去因應與處理該議題的成功經驗（包含個案的以及利益相關人的）、擬定後續的輔導諮商目標與計畫。

3. **維護會議資料的保密性**：個案會議中呈現的相關資料，都是屬於個案的隱私性資訊，因此會議資料與討論內容都需要遵守保密原

則。紙本資料須在明顯處加註「密件」的字樣，且按編號發給與會人員，在會議結束時確認回收每一份資料並加以銷毀。會議主席需在會議開始與結束時都提醒與會人員遵守保密原則，會議結束離開後，不可私下再討論個案的相關資訊。

三、處遇性輔導

《學生輔導法》第 6 條第 2 項第 3 款說明處遇性輔導是已經進行介入性輔導但「仍無法有效協助，或嚴重適應困難、行為偏差，或重大違規行為等學生，配合其特殊需求，結合心理治療、社會工作、家庭輔導、職能治療、法律服務、精神醫療等各類專業服務」（教育部，2014）。因此，在落實處遇性輔導時，應掌握多元專業資源的連結與合作。學生遭遇的議題如涉及家庭暴力、性平事件、自殺危機等，就需要啟動處遇性輔導，因此學校專輔教師需要熟悉與教育局學生輔導諮商中心、教育系統、社政系統、衛政醫療系統、警政系統、司法系統等的合作與轉介機制。

伍、結語

台灣的學校輔導工作在歷史更迭中不斷進行沿革，朝向專業化與法制化的方向發展，從過去點狀與被動的工作架構，轉變為系統網絡與積極主動的工作取向。學校輔導諮商專業人員能夠敏察學生的需求，整合校內外系統的資源，規劃全面性的輔導諮商計畫，以極大化學校輔導工作的成效與價值，這都是得來不易的成果，也是需要持續耕耘與延續的成果。

Chapter **2** | 以生態系統與多元
文化為理論視框的
必要性

壹、學校輔導諮商工作的典範轉移

　　長期以來，心理學領域最被質疑與批判的是以脫離脈絡與文化的
方式來關注個體。這種僅關注個人層面的想法，也反映在學校進行學
生心理議題預防與健康促進的處遇中（Trickett & Rowe, 2012）。然
而，受到系統與多元文化觀點漸被重視的趨勢影響之下，以個人內在
視框來理解學生議題和改變學生行為的工作取向，已經愈來愈受到生
態系統與多元文化觀點的挑戰。相關證據也顯示即使學生個人相當努
力地進行改變，但在他所處環境沒有被理解以及沒有同時改變的情況
下，學生的行為變化與成長將很難長時間維持（Campbell, 2003）。

　　Sheridan 與 Gutkin（2000）強力地主張學校輔導諮商工作需要從
關注個人內在缺陷的醫療模式，轉移到採用同時關注個人內在與環境
脈絡的生態系統取向。醫療模式認為學生之所以出現困擾或問題行
為，是由學生個人內在因素的缺陷造成的；生態系統取向則將學生出
現的困擾或問題行為，解釋為是學生個人內在因素與其所生活的環境
脈絡之間出現衝突或斷裂而造成的。使用醫療模式的論述來解釋學
生的行為或遭遇的問題會產生許多不利的後果。首先，Schulze 等人

（2019）認為當透過內在心理或醫療模式的視框來看待學生的問題時，文化脈絡的因素與影響力就完全消失不見了，進而導致社會正義的觀點和倡導會被認為與輔導諮商工作是無關的。因為如果問題被概念化為是學生內在的不足與缺陷，而不是與學生所生活的各層面系統中存在的貧困、剝削、邊緣化和暴力等文化因素持續相互作用的結果，那麼輔導諮商專業人員何以需要改變生態系統？改變社會生態系統的動力又在哪裡？

　　再者，輔導諮商專業人員常被社會視為是處理心理健康議題的專家，如果他們採用內在心理的論述，就會影響社會大眾以此論述理解心理困擾的成因以及潛在的處遇方法。因此，將問題行為視為是個人病理的「真理」，會將大多數問題的原因，從系統性的不正義轉移到個人心理與生理上。對於學生來說，由此產生的不利結果是會被「究責」，亦即他們的問題是自己引起的，學生要為這些問題負起完全責任。因為論述影響了我們所知覺的真實，改變論述就能改變專業工作者如何知覺與採取行動處理學生遭遇的問題。對學校輔導諮商專業人員而言，需要將現今認為學生在學業、社會與情緒上的問題是個人內在因素導致的此一觀點，轉變為生態性的論述，亦即學生遭遇的問題是個人與環境持續互動後的結果，如此一來，問題就有被重新定義和重新理解的空間，不再是單純學生個人內在的問題，而是學生與環境之間的無效互動後產生的結果。社會病理學的建構提醒學校輔導諮商專業人員要意識與覺察環境對學生遭遇困境這件事是具有影響力，且須負起責任的（Schulze et al., 2019; Williams & Greenleaf, 2012）。

　　最後，Gutkin（2009）認為：「從內在生物與心理病理的角度來進行心理健康與教育服務，有極大的可能性會削弱教師與家長的能量，因為將學生的困境認為是源自神經生理或特質的缺陷，這樣的假設會讓學生系統中的關鍵成人認為自身無法提供顯著的協助給學生，

進而選擇『退出』。」（p. 481）因此輔導諮商專業人員需要從強調診斷與矯治的醫學模式，轉變為聚焦健康促進與預防的生態取向工作模式，亦即需要採用以脈絡為導向的輔導諮商，以全面解釋環境因素對個人心理健康的影響，並為多元專業合作開啟工作空間。

　　生態的觀點以及它認同人是生活在環境中，為學校輔導諮商專業人員提供了一個以環境為基礎的典範，來幫助學生因應與處理環境性的問題（Greenleaf & Williams, 2009）。大量證據證實學生的文化和生活環境對輔導諮商專業人員如何進行評估、辨識和處遇有重大的影響（Jones et al., 2016）。

貳、生態系統理論

一、生態系統理論的發展與重要觀點

　　從 Bronfenbrenner（1986）的生態系統理論（ecological systems theory）來看，要了解一位學生，需要完整地檢視學生生活的環境，包括家庭、學校、社區與文化等。生態系統理論經過三波的增修與發展，除了初期所提出的微系統、中系統、外系統與鉅系統之外，Bronfenbrenner 後期的研究也強調在這些系統中所發生的個人與環境的相互關聯性（person-context interrelatedness）（Tudge et al., 2009, 2016）。每一波的核心概念說明如下。

（一）第一波

　　Bronfenbrenner（1979）從巢狀的觀點來概念化對個人具重要影響力的四個系統，分別為微系統（microsystem）、中系統

（mesosystem）、外系統（exosystem）以及鉅系統（macrosystem）。微系統是與個人直接有關的人事物，例如學生的親子關係、手足關係、同儕關係、師生關係；中系統是兩個微系統間的互動，進而形成多種特性與影響力，例如家長和學校老師的互動、不同學生家長間的互動對學生造成的影響；外系統是對微系統具支持性或干擾性的系統，能決定微系統是否順利運作與發揮功能，例如家長的職業或工作環境會反映家庭的經濟條件，而此經濟條件對親子關係的經營或是學生的學習成就可能是有利的抑或不利的；鉅系統是對學生會造成影響的重要文化與社會因素，例如性別角色、升學主義、汙名化等（李佩珊，2019；許育光，2020）。

（二）第二波

這一波的生態系統理論更強調系統間的動態歷程和網狀脈絡的連結，也更關注時間軸線的作用力，因而加入了時間系統（chronosystem），強調須了解代間與歷史事件對個人所帶來的影響，同時也要考量事件對環境和相關系統的衝擊，以及後續的影響效應（Neal & Neal, 2013; Rosa & Tudge, 2013）。換言之，鉅系統的文化因素會透過微系統中的關係互動，直接傳遞或影響學生，例如「萬般皆下品，唯有讀書高」此一升學主義價值觀會在代間進行傳遞，進而影響學生的學習知覺與行為，以及後續生涯目標的選擇與設定。第一波與第二波的生態系統模式如圖 2-1。

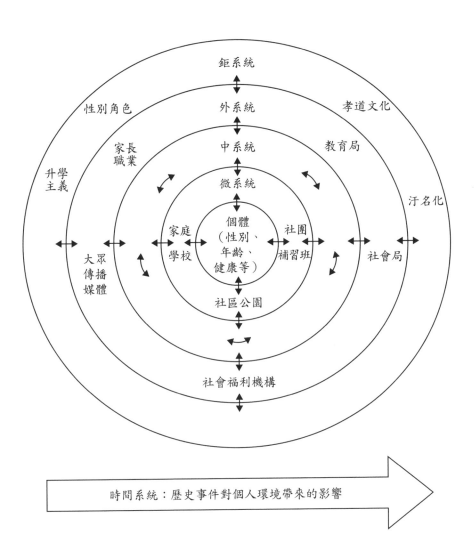

圖 2-1 ■ Bronfenbrenner 的生態系統模式

（三）第三波

這一波的生態系統理論觀點從「歷程—個人—脈絡—時間」模式（Process-Person-Context-Time model, PPCT），來重新概念化個人的發展與成長。此模式的核心精神強調生態系統在本質上是以一種多元形式存在，且具網狀相互影響力，家庭微系統如何受影響，或是各層系統間如何受影響與相互影響，其中互動的密切或疏離等狀態都不會一樣，因此需要留意其相對性與循環等網狀的相互關聯性。以下逐一說明近端歷程、個人特質、環境脈絡以及時間等概念的內涵。

個人與來自不同微系統的人、物或符號彼此間的互動關係，以及在其中的能量轉移稱為近端歷程（**Proximal processes**），Bronfenbrenner 透過近端歷程的機制強調個人在其自身發展過程中具有主動性，因此近端歷程被視為個人發展的驅動力（Bronfenbrenner & Evans, 2000; Bronfenbrenner & Morris, 1998, 2006）。近端歷程認為個人的發展是透過愈來愈複雜的相互作用過程而發生的，這些相互作用是發生在一個活躍進化的有機體，以及與其直接接觸的環境中的人、物體和符號之間，例如學生在課堂上被老師要求回答問題的經驗。為了要產生效果，互動必須在相當長的一段時間內，相當有規律地發生，且互動的形式、力量、內容和方向會系統地產生變化。Bronfenbrenner 認為當環境愈穩定與正向，近端歷程將有更大的機會促進與提升個人的發展能力，亦即有助於個人獲取知識、技術或能力，以引導自己在日常生活中的行為；然而，在不穩定和不利的環境中，近端歷程將以避免或減緩阻礙的方式來發揮作用，導致個人在維持控制和整合行為上會反覆出現困難（李佩珊，2019；許育光，2020；Bronfenbrenner & Evans, 2000; Bronfenbrenner & Morris, 1998, 2006; Rosa & Tudge, 2013）。

　　個人特質（**Person**）包括力量（force）、資源（resource）和需求（demand）三項：（1）力量特質被認為最有可能影響一個人的發展結果，無論是以生產性，還是破壞性的方式。具生產性的力量特質會啟動或維持近端歷程，而那些具有破壞性的力量特質會阻礙或中斷近端歷程。具生產性的力量特質包括好奇心、動機、積極性、恆心毅力、延宕滿足的能力等。相反的，具破壞性的力量特質包括衝動、注意力分散、無法延宕滿足、侵略暴力性等。（2）資源特質是那些對個人有效參與近端歷程的能力具影響力的特質。有助於發展的資源特質包括能力、知識、技能和經驗，而限制或破壞近端歷程的資源特質則包括遺傳缺陷、低出生體重、身體殘疾、嚴重和持續性的疾病，或腦功能損傷。相關研究進一步將資源特質分為個人的心理或情感特質，例如智能狀態、親和性、疏離等，以及個人的社會和物質資源，例如居住空間、獲得的福利資源等。（3）需求特質是個人與他人或環境互動時，對互動關係具有影響力的特質，例如性別、年齡、性傾向、外表、氣質等（李佩珊，2019；Bronfenbrenner & Evans, 2000; Bronfenbrenner & Morris, 1998, 2006; Rosa & Tudge, 2013）。

　　環境脈絡（**Context**）即 Bronfenbrenner 於第一波所提出的四個系統，是彼此相互影響的系統結構。近端歷程、個人特質和環境脈絡都會隨時間（**Time**）發展而產生變化，時間可分為：（1）微觀時間（micro-time），是指一個特定事件或活動的過程，例如體育課、家庭晚餐、某次心理諮商；（2）中介時間（meso-time），指事件或活動連續發生的程度，亦即隨著時間推移與特定對象的持續性互動，例如個人持續一個月與特定網友每天在網路上的聊天、個案持續三個月與諮商心理師進行每週一次的諮商；（3）鉅視時間（macro-time）也就是 Bronfenbrenner 在第二波所提出的時間系統，是一段長期的時間，關注在更廣泛的社會中不斷變化的期望和事件，例如價值觀代間

傳遞（Bronfenbrenner & Evans, 2000; Bronfenbrenner & Morris, 1998, 2006; Rosa & Tudge, 2013）。

Bronfenbrenner 早期的生態系統理論較強調系統因素，而後期的生態系統理論則更強調緊密的環境互動，認為過程、個人、環境與時間同時影響個人的發展結果，且它們的影響力不僅僅是累加的，而是呈現複雜網狀的聯聚效應，如圖 2-2 所示。

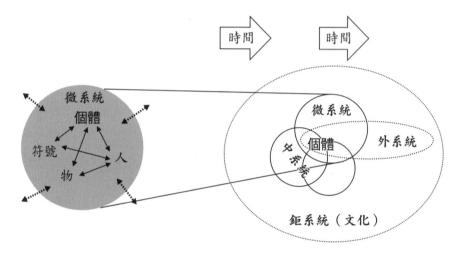

圖 2-2 ▪ Bronfenbrenner 的 PPCT 模型

資料來源：Tudge, J. R. (2008). *The everyday lives of young children: Culture, class, and child rearing in diverse societies*. Cambridge University Press.

二、生態系統理論對學校輔導諮商工作的啟發

採用生態系統理論有助於對發生在學校中的許多現象有更全面性的理解，生態系統觀點體認到一個人的心理健康與他和環境的互動品質有密切關聯，例如系統的壓迫對個人的心理健康具有破壞性，遭受到壓迫的人有更高的機會出現憂鬱、焦慮、創傷後壓力症候群（PTSD）、失控與無望感、內在壓迫、負面自我概念與自殺危機

（Burns et al., 2015; Zyromski, 2007）。Burns（2013）認為生態系統理論對學校輔導諮商專業人員來說具有兩種功能，第一是提供一個機制讓輔導諮商專業人員藉由聚焦在系統性的議題來擴展實務工作的廣度，如此可以有效地對多數學生的生活產生正向影響；第二是採用生態系統理論可以讓實務工作更深入，以更佳地服務那些需要深度與密集處遇協助的學生。如此一來，廣度與深度都增加的實務工作即可同時提升學生的能力以及系統的量能來回應所有學生的需求，而這是學校輔導諮商專業人員冀望看到的兩項結果（Burns et al., 2015）。

Gutkin（2012）也認為採用生態系統理論進行學校輔導諮商工作有四項益處：

1. **創造機會把服務聚焦在所有學生而非只有少數個人**：生態系統觀點與創造機會去服務群體而非個人的觀點是一致的，即使是在微系統，學校輔導諮商專業人員將注意力放在班級、學校、家庭與社區等，能為一次影響大量學生的工作取向開啟豐富的機會。此外，輔導諮商專業人員對環境系統進行有意義的評估，將有助於發展全面性、選擇性與指標性的處遇計畫。

2. **創造機會提供預防性與早期處遇服務，而非只有修補性的服務**：生態系統取向的輔導諮商工作具備提供預防性與早期處遇的能力是相當明確的，如果學生的行為深受微系統、中系統、外系統與鉅系統的影響，那麼改變其中一個系統或多個系統將能夠引發學生出現具有意義的心理層面與教育層面的改變。例如，與其在學生的學習表現落後時才介入處理，可以藉由在班級、學校或家庭裡採用具實證效果的教學方法，或建立具滋養性的親子關係來加以預防或早期介入；與其等高風險學生的攻擊與暴力行為爆發時才處理，教師可以在課程裡融入問題解決、憤怒管理、善意溝通

以及認知重建等主題。

3. **賦能大量的服務提供者**：一旦在概念化學生議題的過程中，加入
改變環境系統以促進學生的行為產生有意義改變的想法時，幾乎
所有的利益相關人與輔導諮商專業人員都會因著體認自身有能力
可以引發或創造改變而被賦能，進而採取更積極主動的策略提供
預防、早期介入以及修補性的服務。

4. **極大化學生需求與環境條件之間的適配性**：因為關注個人與環境
的互動以及其中的複雜性，生態系統取向會從歷程的觀點來理解
處遇的效果，而非找到一個正確的處遇方法。因此通常會運用歷
程監督、以資料為基礎的決策、持續性的諮詢等方法來評估處遇
的效能，以允許輔導諮商專業人員可以監督與修改服務直到產生
滿意的結果。換句話說，依據人境互動來概念化預防、早期處遇
以及修補式服務，生態系統觀點鼓勵輔導諮商專業人員要同時評
估環境以及對這些環境具有影響力的成人（例如教師、家長等）
其行為，採取的介入策略較少處理學生內在的特質，而是更強調
去評估有哪些介入策略，以及如何執行這些介入策略對學生來說
才是有效的，尤其是那些要執行這些介入策略的成人，以及要落
實這些介入策略的環境必須有哪些實質上的改變。

依據生態系統理論的觀點，學校不單單是輔導諮商處遇發生的地
方，也是需要藉由輔導諮商處遇加以改善的地方；換言之，學校環境
並非是被動的背景，它在促進或抑制學生成長和發展方面扮演著關鍵
角色。這種生態論述與學生有著重要的關聯性，因為它提出了一個重
要的觀點，即所有的學生天生都希望在學校創造一個允許他們實現個
人和學業發展的環境（Williams & Greenleaf, 2012）。許多學生在學
業、社交和情感上遇到困難的事實，引發了人們開始思考是哪些因素

導致學生無法全人發展。從生態觀點來看這個現象，會發現個人與學業的自我實現，不僅取決於學生的個人因素，還需要學校環境的合作，以為學生的學業和個人潛能提供適當的養分和支持。因此，在學校脈絡中的預防性處遇其目標是要改善學校環境，進而能催化或促進正向的個人行為改變，包括學習與社會層面，或是能夠抑制負面行為的出現，例如中輟或霸凌行為。這樣的觀點並不是要低估個人層面的預防性處遇，而是要將預防性處遇與學校環境的關聯性加以脈絡化。因此，輔導諮商計畫被視為是系統中的事件，並與學校的例行性事務與歷程交互作用，而非只是一種附加品（Trickett & Rowe, 2012）。

　　Williams 與 Greenleaf（2012）認為在環境中建立的自我效能感是個人心理健康發展與成長的基礎，成功展現效能的人是基於對所處生活環境已提供的資源有所了解，並對他們與環境的關係充滿信心。雖然個人展現效能的方式會因情境而異，但個人都傾力去創造一個有助於在關係中自我實現、發展個人最佳的特質、獲得正向回饋的人際環境，也就是生態位（ecological niche）。個人的生態位是在更大環境中的工作空間，當個人選擇能有效互動的對象，並獲得關於其效能的回應時，這個工作空間就被建立了；換言之，生態位是在個人與環境互動過程中被創造的。因為健康的生態位發展對心理健康來說相當重要，因此學生所有的心理困擾其實都是在反映個人生態位在發展過程中受到干擾破壞。對學生來說，生態位的成功發展有兩個因素：其一，在環境中找到機會以及運用必要的工具以從這些機會中獲益。然而，當選擇很少，以及學生由於缺乏技能或工具而無法有效地形塑他們的生態位時，他們不僅會感到無效能，也會感到無能為力。其二，因為學生會關注他人對其效能給予的回饋，也因為會擔心自己的行為被評價為是不好的、錯誤的、無效的，因此學生會傾向從環境中退縮，尤其是那些讓他覺得最無效能的環境。當學生在學校中的失敗經

驗被以脈絡的觀點而非個人內在的觀點來理解時，處遇的焦點就會從僅聚焦個人，轉為同時納入更大的環境因素。

　　生態系統觀點認為個人的健康與他所處環境的健康密不可分，這為輔導諮商專業人員提供一個哲學的依據來處理阻礙個人、家庭或社區發揮潛能的社會、政治與經濟因素。因此，促進健康是一項整體性的產業，不僅需要解決個人領域的議題，還需要解決整個社會秩序層面的議題。Prilleltensky（2008）的健康金字塔已經說明這個概念，對學生來說最重要的是得到他的家庭、學校、社區和社會的支持，因為學生的健康取決於家庭和學校的健康，而家庭和學校的健康與社區和社會福祉有關，父母的幸福感與其獲得的就業機會、社區支持和充足的社會服務有密切相關。從生態觀點的角度來看，當問題是環境性的，解決方案也應該是環境性的，這是一個合乎邏輯的假設（Greenleaf & Williams, 2009）。許育光（2020）表示對於投入兒童心理工作的實務者來說，家庭、學校、社區、社會文化等系統間的互動，以及時間成熟與重要歷史事件之影響等，其實往往能夠理解也能夠看見，但是在輔導諮商實務上，卻常常被忽略而未加以著重和關注。因此，生態系統理論有助於輔導諮商專業人員重視環境，聚焦在引起學校、家庭與社區的改變以緩和學生目前已經出現的問題，並預防未來可能會出現的問題。

參、學校輔導與諮商中的多元文化觀點

　　為了回應社會多樣性與文化多元性的趨勢，學校輔導諮商專業人員必須具備多元文化知識和技能，以滿足學生的多樣化需求（Dameron et al., 2020）。學生在相互關聯的環境系統中與他人進行

互動進而成長和發展，他們的環境系統中的每一層都包括許多複雜的文化因素，例如：內化的信念、性別角色、對主流人口或壓迫者的態度，以及對殘疾、精神疾病、成功和失敗等等的價值觀（Jones et al., 2016）。許多的專業組織也都有制定倫理守則為輔導諮商專業人員提供指引，以確保他們提供公平的機會給每個學生，並有效地辨識和支持所有學生的需求。換言之，學校輔導諮商專業人員應展現多元文化知能，對多元文化學生的經驗與他們的世界觀保有敏感度（Ratts et al., 2016），以確保學生獲得進行全人發展所需的支持。

　　諮商和心理學中的哲學觀與治療技術長期深受主流文化價值觀的影響，繼而可能導致實務工作者無視多元文化背景個案的文化觀點。因此，學校輔導諮商專業人員在為不同文化背景學生提供服務時，需要學會將文化融入以實證為基礎的實務工作中。Ysseldyke 等人（2006）認為，學校輔導諮商專業人員承認多樣性（diversity）之存在是不夠的，必須「在各個層面有效地擁抱和解決多樣性的問題」（p. 16）。多元文化諮商是心理學中的一個專業領域，它主張輔導諮商專業人員有責任建立文化自我覺察，發展對他人文化的理解，並根據學生的文化需求進行個別化處遇。自我覺察包括了解自己的特權、文化價值觀和信念。發展對他人文化的理解，包括了解學生的文化傳承、社會政治背景、信念和價值觀，並直接與學生一起檢核這些知識。個別化處遇包括概念化學生的需求，並且為學生量身打造符合他們文化框架的處遇計畫（Jones et al., 2016）。

　　隨著多元文化諮商的發展，社會正義（social justice）的概念也愈來愈受到重視，社會正義是心理健康與教育的核心價值此一觀點已不容否認（Schulze et al., 2019）。Bell（2016）對社會正義的定義是「社會正義的目標是社會中隸屬不同社會認同團體的人，都能自由與充分地參與社會生活。而達到社會正義目標的過程同樣應該是民主參

與的，尊重人們的多元性與團體差異，涵容與肯認人們相互合作以創造改變的能動性與能力」（p. 3）。Shriberg 與 Clinton（2016）觀察社會正義在某種程度上是受文化約束的，因此不管是實現社會正義的歷程，或是社會正義要達到的目標都會因文化的不同而有所差異。學校輔導諮商專業人員被要求要正視社會不公的議題，並確保所有學生有獲得公平待遇的機會（Bemak & Chung, 2008; Crook et al., 2015; Ratts et al., 2007）。因此，學校輔導諮商專業人員要擴展個人在多元文化和社會正義倡導的覺察、知識與技能，以成為一名具文化能力的專業工作者，並理解偏見、權力和壓迫會如何影響學生和利益相關者（Leibowitz-Nelson et al., 2020）。

社會正義倡導涉及處理充滿情緒性的議題、根深蒂固的信念系統，以及構成現有關係的權力結構。要進行這項工作是有難度的，需要了解阻力，並且需要裝備影響社會變革的技能，包括改變學生、家長、學校教職員、相關專業人士以及輔導諮商專業人員的態度和行為，也必須改變政策（Rogers & O'Bryon, 2008）。透過與學生和學校系統的合作，學校輔導諮商專業人員可以適當地參與早期介入和促進社會正義，也可以鼓勵學校教職員採用生態系統模式，而不是僅使用聚焦學生內在的方法來評估學習環境，以對學生可能遇到的困難進行反思並採取行動。學校輔導諮商專業人員的角色也適合與家庭、學校人員以及其他專業人員進行合作，以為學生創造改變（Schulze et al., 2019）。

目前學校輔導諮商實務工作中常見的主要挑戰是：學校傳統中經常有一些角色和儀式是不利於涵容所有學生的，許多學生和其家庭面臨貧窮、偏見、教育程度較低等困境，而這些困境往往成為他們獲得或受益於現今心理健康支持和服務的阻礙（Goforth et al., 2017），Dixon 與 Tucker（2008）鼓勵輔導諮商專業人員要觀察與反思學校系

統對多元文化背景學生的態度，因為當輔導諮商人員開始評估學校的氛圍時，對學生、家長和教職員來說就是在傳達一個關鍵的問題：「你覺得你在這裡重要嗎？」（p. 125）他們表示探索有助於營造具滋養性和關注氛圍的學校政策、活動和關係，將有益於建立正向的學校氛圍。

　　由於學校輔導諮商專業人員在提供心理健康服務和促進學生心理健康發展發揮著重要作用，因此他們需要接受訓練，採用符合文化要求的方式來工作，以滿足愈來愈多的多元文化背景學生和家庭的需求（Jones et al., 2016）。

肆、結語

　　學校脈絡中的社會不正義與族群、性別、階級、身體功能、性傾向等多元文化議題有關，對學生的學習會產生負面的影響。這些發生在學校系統裡的不平等現象，就如 Ratts 與 Hutchins（2009）所言：「這些現象說明了專業人員需要更加一致地努力解決那些阻礙學業、生涯以及個人／社會發展的環境性因素。」（p. 269）然而，學校輔導諮商專業人員常常忽略環境性因素，究其原因是受到以內在觀點來解釋問題的專業論述所影響。內在觀點或醫療模式將問題行為視為是個人內在或生物疾病的跡象，忽略了存在於個人與環境之間複雜的交互作用，因此幾乎只關注個人層面的改變。在學校場域中採用此種思維，即傾向將學生在學習或社會層面的成功或失敗都歸因於他們的個人內在因素，而沒有任何對環境脈絡的同等思考。相反的，生態系統與多元文化觀點將學生的行為解釋為是個人與環境互動後的功能展現，且每個人的發展都深受文化的影響，這些觀點提供學校輔導諮商專業人員一個更具實用有效性的理論視框來實踐實務工作。

Chapter 3 | 多元專業合作的必然趨勢

　　Gutkin（2009）在探討於學校系統中進行多元專業合作的重要性時，認為如果沒有教師、家長與其他專業工作者的積極參與，要處理學生在學習與心理健康層面遇到的議題或困境，是一件不可能達成的事。他表示：「在心理健康與教育領域，任何想要系統性地改善多數兒童生活的想法，如果沒有成功地與教師和家長進行合作，說穿了是一件荒謬的事。提供有效教育環境給學生的關鍵人物是教師、養育出心理健康兒童的關鍵人物是家長，不論學校輔導諮商專業人員多麼的專業與有智慧，沒有教師與家長的協助與合作，很難對學生帶來多大的改變。……教師、家長與其他重要的成人在心理健康與教育服務輸送過程中，堅定地參與其中是有效服務的核心要件……，要讓這件事發生，則必須採用一個能夠賦能心理健康輔助性專業人員以及提升其自我效能感的取向。」（p. 481）因此，在學校系統以多元專業合作模式來推動輔導諮商工作是必然的趨勢。

　　合作是將人們聚集在一起解決問題，對所有組織（包含學校在內）都很重要。Miller 與 Katz（2014）提出，在學校中個人之間的合作允許人們分享他們的知識和智慧，從而可以產生新的解決方案。他

們也指出要進行合作並非一件輕而易舉的事，而是存在許多阻礙，其中包括多數人們已經習慣以孤立的方式進行工作。因此，如果學校輔導諮商專業人員欲協助學生全人發展，勢必要跳脫孤立工作的框架，轉而與多元專業人員進行合作，包括家長、教職員、社區機構人員、特教人員、醫療人員等。

貳、多元專業合作的定義與內涵

多元專業的合作是指不同背景的身心健康照護專業工作者與個案、家庭和社區同心協力進行合作，以提供最高品質的服務（World Health Organization [WHO], 2010），過程中需整合多元專業的知識與能力，藉由決策及實務的分享來達到共同的目標，落實合作與共治的精神（張曉佩，2020；D'Amour & Oandasan, 2005）。因此，多元專業合作是一種夥伴關係，此夥伴關係必須由健康照護服務團隊與個案透過參與式合作及協調的過程來建立。多元專業合作取向的實務工作是一種動態的歷程，此歷程能促使團隊的知識與技術產生協同性的影響力，是一股向上提升的力量，彼此為共同目標而努力，進而提升服務品質與效果（張曉佩，2016；Canadian Interprofessional Health Collaborative, 2010）。合作夥伴關係是共享目標、責任以及榮耀的，不僅僅是採用「系統取向」（system approach），而是本質上須具有系統思維（system thinking）（Reschly & Christenson, 2012）。

Bryan 與 Henry（2012）也認同如果學校的角色功能與目的是為了建立學生的能力與復原力（resilience），進而提升他們的學業、個人、社會與生涯發展，那麼學校就必須與家庭和社區建立合作夥伴關係，此種夥伴關係的內涵是指學校教職員、家庭成員、社區成員與社

區組織（例如大學、企業、宗教組織、文化組織、心理衛生與社會服務機構）之間的合作行動與關係，所有的夥伴一起合作以進行輔導諮商方案的規劃、協調與執行。

　　綜上所述，可以了解多元專業合作是以信任的夥伴關係為基礎，進行專業知識與技術的交流、溝通與整合，進而創造與建構更高層次的專業行動，以提升服務品質和極大化服務效果。

參、多元專業合作的優點

　　學校輔導諮商專業人員、教師、家長與其他利益相關人的合作是必要的，當學校、家庭與社區能共同合作時，可以為所有的利益相關人帶來許多好處。

一、連結與開創資源以回應學生的需求

　　存在於中系統的學校與家庭夥伴關係是生態系統理論中最引人關注的層面。實證研究顯示，中系統的家庭─學校處遇可以促進學生的正向發展，當學校教師、輔導諮商專業人員與家長的互動頻率愈高、維持時間愈久，對學生與家庭都可以帶來更多的好處（Carlson & Christenson, 2005）。學校─社區─家庭夥伴關係對學校輔導諮商專業人員來說相當重要，這些合作夥伴關係使學校輔導諮商專業人員能夠以系統思維來為學生及其家人在學校環境中引入關鍵資源和支持（Bryan et al., 2013; Bryan & Henry, 2012; Hines et al., 2017）。換言之，透過多元合作建立起來的夥伴關係可以累積支持、資源、技能與網絡，這些都有助於學校輔導諮商專業人員提供回應性的服務以滿足學生多元複雜的需求。

二、降低問題行為發生的機率

　　以多元專業合作來執行輔導諮商方案所創造的環境、關係與經驗，有助於降低兒童和青少年發展過程中的危險因子、建立社會資產、增加學業成就與出席率，進而降低問題行為的發生機率（Bryan & Henry, 2012; Epstein & Van Voorhis, 2010）。Carney 與 Buttell（2003）的研究發現，接受纏繞式服務（wraparound services）的青少年，其缺課率、留校察看、逃家、攻擊與被拘留等行為的發生率都下降了。Lee 等人（2013）的研究也發現，專業間合作的服務模式能降低兒童情緒困擾問題的嚴重度。

三、提升輔導諮商成效

　　學校系統採用團隊合作的工作取向有助於確保教師和輔導諮商專業人員辨識出有風險的學生，並提供適當的支持（Trice-Black et al., 2013），Armstrong 等人（2010）認為，學校輔導諮商專業人員的角色和校長的角色是相互依存的，他們之間基於尊重的正向關係有助於改善學生的發展結果。換言之，當學校輔導諮商專業人員感受到被領導者尊重和重視時，他們就會有動力努力改進他們的實務工作，這會為他們的學生帶來更好的結果（Salina et al., 2013）。林淑君與王麗斐（2013）的實務經驗也發現，如果沒有校長的支持與領導以及全校教師的合作，輔導諮商方案不可能順利推動，而相互信任是建基於真誠的尊重與欣賞合作夥伴，賦能教師的教育專業與對學生的影響力。此外，當學校工作人員和家長之間存在信任的關係時，學生也會從見證健康的溝通方式中受益（Bodenhorn, 2005）。因此，教育領導者顯然必須尋找機會來發展有助於創造和培養合作關係的條件（Cisler & Bruce, 2013）。

　　研究也發現，學校與社區組織的合作有助於改善學生身心功能、提高學生對輔導諮商服務的滿意度，以及促進學校、家庭與社區的關係連結（王麗斐等人，2008；Anderson-Butcher & Ashton, 2004; Lever et al., 2003; Porter et al., 2000; Weist et al., 2001）。

肆、影響多元專業合作的因素

　　近三十年來，已有許多研究在探討促成或阻礙多元專業進行合作的因素，本段落以 Mellin（2009）提出的目標、歷程與脈絡為架構進行闡述。

一、目標

　　當多元專業工作者之間的目標有所衝突，設定要介入的目標優先順序不同，都會讓多元專業的合作過程面臨極大的挑戰（Rappaport et al., 2003）。張曉佩（2020）研究發現多元專業合作的過程中，往往會浮現協調政策與目標的問題，除了每一個機構都有它要達成的目標，並以此目標來設定工作任務的優先順序之外，當學校輔導諮商專業人員和其他專業工作者因繁重的工作與個案負荷量，而難以對學生的議題進行精確與周全的評估時，也會影響各自設定的服務目標與選擇的處遇策略，進而無法回應學生及其他專業工作者的需求。倘若合作的多元專業工作者對目標的優先順序、評估流程，以及結案時機點有不一致的看法，可能會進一步出現因目標歧異而衍生權力爭奪的現象，進而導致服務成效不彰。

　　如果能夠在學校輔導諮商的實務工作中落實具共識的目標，即可發揮降低多元專業間對有限資源的競爭、減緩不同專業工作者間的緊

張關係，以及提升服務協調性等三個功能（Mellin, 2009; Rappaport et al., 2003）。

二、歷程

很多時候，儘管多元專業工作者的立意良善，都是以學生的福祉為優先考量，但彼此之間缺乏聯繫或是溝通管道斷裂，會導致傳達給學生的訊息不一致，造成學生感到困惑，甚至不知所措的現象，進而削弱了輔導諮商介入的潛在效益（張曉佩，2016；Lee et al., 2013）。因此，多元專業工作者進行合作的過程中，必須投資時間與心力共同建構有助於健康溝通的機制，健康的溝通對話是開啟合作的起始點（Bryan & Henry, 2012），學校輔導諮商專業人員所具備的輔導諮商知識與能力有助於合作團隊進行開放的對話、尊重地傾聽、珍視他人的意見、理解與不評價，亦即要意圖性地讓所有合作夥伴的聲音都有機會表達與被聽見，進而建立共識。

此外，多元專業工作者進行合作時會習慣使用專業術語，但卻鮮少對專業術語進行澄清，導致對彼此傳達的訊息產生誤解。張曉佩（2020）的研究發現，多元專業工作者在進行溝通時很少對專業術語進行澄清的可能原因有兩個，其一是感受到存在於不同專業間的權力結構，不想讓自己在其他專業工作者面前顯得不足；另一個是專業工作者沒有覺察參與溝通的其他人對他所說的內容有不同的解讀。因此，多元專業工作者對此現象要有更多的覺察，鼓勵合作的多方彼此間建立澄清意義的文化，讓溝通的內容可以具體與清楚。

三、脈絡

專業工作者如果無法清楚理解其他專業的權責，通常會導致對角色與責任的混淆、無法合理回應其他專業工作者的付出、權力與地位

的衝突，以及不斷擴大的專業刻板印象，進而阻礙了專業合作（張曉佩，2020；King & Ross, 2003）。研究也發現當學校輔導諮商專業人員被要求履行非輔導諮商職責時，會導致學校團隊成員對其角色的定位感到混亂，從而限制團隊合作的有效性（Reavie, 2015）。這些角色認知差異可能引發校內行政管理人員和學校輔導諮商專業人員之間的衝突性動力，而讓學校輔導諮商專業人員感到相當大的壓力（Monteiro-Leitner et al., 2006），例如林淑華等人（2017）發現輔導教師與行政處室的互動是密切的，但要取得共識並不容易且有相當大的壓力，其中涉及雙方對彼此角色的期待、對彼此工作業務與執行細節的想法等。

Williams 與 Wehrman（2010）表示，學校管理階級的行政人員和輔導諮商專業人員的權力結構，以及他們不同的角色和專業知能，會讓各自都缺乏如何一起工作的知識，使得具有挑戰性的問題無法被解決，例如如何管理機密性的資訊。然而，當多元專業工作者相信彼此間的溝通可以促使學生受益，保密倫理的議題便可藉由討論而獲得共識。但研究也發現，多元專業工作者對於在合作過程中進行資訊分享，可能會擔憂讓自己陷入觸法的困境中，致使對可以分享的資訊細節與範圍的評估判斷變得非常主觀，而讓彼此的溝通無所適從，合作也變得更加困難（張曉佩，2020；游以安、姜兆眉，2017；Mellin, 2009）。Trice-Black 等人（2013）發現，信任在資訊分享與保密的兩難困境中具有調節效果，如果學校輔導諮商專業人員對同事具備遵守保密原則的能力愈感到信任，學校輔導諮商專業人員就愈有可能與此人合作。他們的研究也發現，信任關係本質上是具多元交織性與互惠的，參與研究的學校輔導諮商專業人員表示因為學校教職員足夠信任他們，願意向他們提出其擔憂，而且他們的主管對他們滿足學生需求的能力表現出信心，並且沒有質疑他們關於保密限制的決定，都讓他

們增加與學生進行連結的機會。

　　此外，多元專業工作者應以專業文化融合的思維來取代競爭文化，對同儕展現正向的態度，在相互尊重與共享價值的氛圍下一起工作，能夠促使知識和技術產生協同性的影響力。亦即合作取向的工作模式應該是使用者取向，專業工作者要改變自我中心的思維，轉而思考如何在與其他專業工作者合作的情況下來服務學生，促進學生的福祉。具支持性與健康的合作氛圍，可以讓所提供的專業服務愈加繁榮興盛，與其他的專業有更深的連結（張曉佩，2020；游以安、姜兆眉，2017；Haas et al., 2011）。

　　張曉佩（2020）的研究也發現專業工作者如果缺乏文化能力，會導致具壓迫性的實務介入，阻礙合作關係的建立。相反的，當專業工作者愈了解學生與合作夥伴的文化獨特性，愈有助於擴大理解的視框、建立關係，以及推動有助於學生復原的處遇。因此，包含學校輔導諮商專業人員在內的專業工作者，都需要裝備文化同理心（cultural empathy）的能力。文化同理心是一種發展性的、動態的以及人際性的過程，是專業工作者積極地置身於學生的文化脈絡，敏覺與理解學生的經驗中所蘊含的文化意義（Constantine, 2000）。再者，專業工作者的價值觀與個人風格，例如能否以寬厚的態度來回應無法預期的事，以及對改變保持開放，都會影響專業工作者如何知覺與解釋學生的問題、如何在施與得之間取得平衡，這些都會進一步影響多元專業合作的進行。

伍、進行多元專業合作的原則與策略

　　多元專業合作的關鍵特徵是夥伴間相互連結的顯著程度，因此

問題解決、雙向溝通以及共同做決策是建立夥伴關係的必要條件（Reschly & Christenson, 2012）。學校輔導諮商專業人員與教師有責任發起和創造能與家庭進行建設性合作，以及發展夥伴關係的條件。事實上，由學校主動與家庭接觸是促進家庭與學校合作的關鍵，研究顯示，家庭通常會等待學校來聯繫他們，來自學校的主動邀請對促成家庭更積極參與學生教育活動具有關鍵影響力（Hoover-Dempsey et al., 2009）。因此，當今學校輔導諮商工作的挑戰已經不再是論述納入家庭的理由，而是轉而關注如何創造夥伴關係，以及有助於創造夥伴關係的策略。

一、強化家庭—學校的連結

Clarke 等人（2009）認為要建立健康的學校與家庭關係，信念、承諾與持續性是重要的核心要素，又可細分為八個原則。

（一）信念

利益相關人相信家庭和學校之間的健康關係至關重要。

原則 1：家庭與教育工作者對於促進學生正向發展與學業成就有共享的目標。

原則 2：校內和校外的經驗對於實現教育目標都很重要。

原則 3：家庭和教育工作者在學生的教育和社會化過程，都扮演著獨特而重要的角色。

原則 4：家庭對學生的學習和發展至關重要。

（二）承諾

家庭和學校在學生的整個教育過程中致力於建立和保持正向的關係。

　　原則 5：家庭與學校的關係是隨著時間的推移而發展起來的，且
　　　　　　需要在學生的整個發展和教育過程中持續維持。
　　原則 6：維持家庭與學校關係是家庭和教師的重要任務。

（三）持續性

　　跨系統和環境的一致性對於學生的適應是重要的。
　　原則 7：建立一致的目標並溝通有關學習和教育價值的共同訊息
　　　　　　對學生有幫助且很重要。
　　原則 8：落實體現家庭與學校緊密聯繫的實際作為，有助於促進
　　　　　　一致的與長期的正向結果。

二、培植學校—家庭—社區的夥伴關係

　　Bryan 與 Henry（2008, 2012）認為學校輔導諮商專業人員在與家
庭和社區成員建立合作夥伴關係時，可掌握下列四項原則。

（一）意圖性地融入民主合作的觀點

　　民主合作意指學校、學生、家庭與社區夥伴共享願景、目標、結
果、決策、管理與責任，亦即在民主合作的過程，學校教職員與學
生、家庭和社區成員共享權力，並視他們為平等與有價值的專家。

（二）賦能學生、家庭與社區

　　基於賦能的觀點，學校輔導諮商專業人員認為家長與社區成員不
僅擁有相同的發聲權，也有參與決策、規劃與執行的權力。以賦能為
基礎的夥伴關係通常會促使學生與成人合作，一起評估學生的需求，
發展輔導諮商計畫，進而解決問題。學校輔導諮商專業人員可以運用
多元的策略來催化對家庭與社區成員的賦能，包括意圖性地涵納多元

文化背景的家長與社區成員、意圖性地減少自身的專家角色、尊重家庭與社區成員的知識、珍視彼此為重要的資源與資產、進行相互與平等的決策、拒絕責備彼此、鼓勵家庭與社區成員一起界定對學生造成影響的議題究竟是什麼。因此，賦能重視的是在推動合作關係歷程中，提升家庭與社區成員的參與以及讓他們的聲音被聽見。

（三）強調社會正義

　　社會正義關注的是為家庭創造獲得資源、資訊、技能與知識的管道和機會。在輔導諮商專業人員、學生、家庭與社區成員之間進行民主的合作，是實踐社會正義的必要工具。為了落實以社會正義為核心的夥伴關係，輔導諮商專業人員與多元專業工作者會和被邊緣化的學生與家庭合作，提供學生與家庭管道以取得他們需要的資訊及資源，此外，當學校的政策對學生會造成負面影響時，要確保被邊緣化的家庭能夠參與決策的過程。學校輔導諮商專業人員也要了解每個家庭擁有的社會資產不一樣，社會資產指的是能夠促進信任或是個人用來達成目標與解決問題的社會網絡或規範，因此，以社會正義為原則的夥伴關係可以為家庭建立其所需要的社會資產。換句話說，學校、家庭與社區夥伴要一起創造可以提升資訊與豐富資源的信任關係與網絡。

（四）重視優勢觀點

　　夥伴關係也是重視優勢能力的，此種原則可以促進保護因子以幫助學生建立復原力。以優勢能力為焦點的夥伴關係可以為學生創造發展性的資產，例如學校連結、社會能力、具關照性的學校氣氛等，這些不僅有助於降低危險行為的發生率，更能夠增加學生健康與成功發展的機會。例如謝政廷（2016）以校園性平案件為例仔細說明導師、輔導教師、心理師與社工師在三級輔導工作中的優勢與主要任務，認

為當這「四師」可以發揮各自的優勢能力，保持密切合作，將能使遭
受性平議題的學生獲得最大的幫助。他認為導師的優勢是與個案在校
相處的時間最多，因此主要任務為在課堂中關心與觀察個案的狀態，
並提供資訊給其他三師。輔導教師的優勢是可扮演四師之間的溝通橋
樑，並與校內行政處室協調，因此主要任務是擔任個案管理者的角
色，連結校內與校外資源。心理師的優勢是具備心理諮商與治療的專
業知能，因此主要任務是提供心理支持與協助。社工師的優勢是善於
連結資源以及與家庭工作，因此主要任務是連結外部資源，與案家進
行工作。

三、善用會議機制

　　除了上述學者所提出的原則與策略之外，學校輔導諮商專業人員
為使輔導諮商工作順利推動，以回應學生的需求與福祉，可善用會議
機制。張曉佩（2020）認為專業工作者進行面對面會議對提供有效服
務是重要的，因為專業工作者如果缺乏見面的時間，是進行良好溝通
的最大阻礙，而好的溝通是正向工作關係的關鍵，有助於了解彼此的
處境與整合意見，亦即有助於彼此形成一種為了良善目標而努力的動
能。因多元專業的合作常常涵納多個專業工作者，所以必須舉行例行
性的網絡會議，以讓服務介入具有及時性與延續性。為了避免讓例行
性會議流於形式，每個專業工作者都需要清楚其參與會議是負有角色
任務的，是代表學生或機構，因此，在會議中要提供相關的資訊給所
有與會者，和所有與會者一起討論每一種選擇的可能結果，並共同形
成決策。會議中每個人的聲音都被聽見，才符合健康對話的精神，亦
是開啟合作的起始點。換言之，多元專業工作者要抱持著提升學生福
祉的知覺與態度來參與會議，在網絡會議中展現有益於相互貢獻的行
為，以有效避免目前在處遇工作會議中常看見的爭功、指責與爭奪主

控權等具破壞性的行為。

　　Trice-Black 等人（2013）建議學校校長和行政管理人員，應在整個學年的行事曆中規劃時間召開會議來討論關於學校政策、學生的議題與進步，以及合作過程中任何可察覺的阻礙。此外，這些會議也是討論保密等複雜問題的理想平台。此類定期會議也有助於教職員建立關係，並克服合作阻礙，因為他們會有更多機會了解彼此對自身角色和責任的看法。儘管忙碌的教學與行政事務可能導致教職員覺得缺乏時間，對於參與會議的意願低落，但研究顯示合作取向的工作方式實際上可以節省時間，以此觀點對學校教職員進行教育，有助於提高他們參與會議的動機（Gruman et al., 2013; Salina et al., 2013）。

陸、結語

　　豐富且有效能的合作關係是建立在共享原則與價值的基礎上，有助於讓健康的合作歷程得以持續，讓學生與其家庭都能成長，尤其是處在掙扎困境中的學生。學校輔導諮商專業人員要從相當熟悉的單一專業工作模式，轉換到多元專業合作的工作模式，但要超越個人已經習慣的模式是痛苦的，此過程就如 bell hooks（1998）所言：「這是一個有難度、需努力的過程，它要求個人放棄以往思考與存在的方式，轉換我們的典範，開放自己迎向未知以及不熟悉的事物。」（p. 584）因此，輔導諮商專業人員需要展現勇氣，具體落實以學生福祉為最大考量的多元專業合作思維與行動。

學生面臨的困境
與輔導諮商策略

Chapter 4 | 校園霸凌

壹、前言

　　生態系統理論認為學生是複雜與相互關聯系統的一部分,包括霸凌者和受害者在內的行為,都是眾多因素相互作用與相互影響後的結果。家長、老師和同儕被視為可能影響學生行為的人,反過來,他們也會受到學生行為的影響(Kolbert et al., 2014)。因此,沒有單一個人或環境脈絡被認為是導致霸凌(bullying)出現的唯一因素,人和環境都是霸凌行為的潛在促成者,因此也都是處遇的目標。

貳、壓迫理論對霸凌動力的闡釋

　　根據教育部《校園霸凌防制準則》第 3 條第 1 項第 4 款之定義,霸凌是指「個人或集體持續以言語、文字、圖畫、符號、肢體動作、電子通訊、網際網路或其他方式,直接或間接對他人故意為貶抑、排擠、欺負、騷擾或戲弄等行為,使他人處於具有敵意或不友善環境,產生精神上、生理上或財產上之損害,或影響正常學習活動之進行」,以及第 5 款「校園霸凌:指相同或不同學校校長及教師、職員、工友、學生(以下簡稱教職員工生)對學生,於校園內、外所發

生之霸凌行為」（教育部，2020）。Olweus（2013）認為霸凌行為的特質包括：蓄意造成傷害、不停地重複發生以及權力不對等。隨著學生使用電子設備與網路的頻率增加，虛擬空間的網路霸凌發生率有明顯增加的趨勢，尤其是在新冠肺炎疫情嚴峻，採取線上教學期間，學生主要以網路進行學習與人際互動，更讓網路霸凌事件頻繁發生。網路霸凌是透過簡訊、電子郵件、即時訊息、在自己或他人的社交媒體帳號上發布惡意訊息或露骨照片，以及在線上假冒他人以傷害他人為目的的行為（Paolini, 2018）。從學者與法律的論點都顯示霸凌是一種個人運用權力，重複且蓄意對他人造成傷害的惡意行為。

霸凌行為在涉入其中的人們之間潛藏許多複雜的動力，致使學校輔導諮商專業人員在預防與處理霸凌議題時，遭遇許多挑戰。近幾年許多學者嘗試從壓迫理論來闡述其中的動力，Prilleltensky 與 Gonick（1996）將壓迫（oppression）定義為：「一種以支配、從屬和反抗為特徵的不對稱權力關係狀態，在這種狀態下，當權者或團體透過限制物質資源的獲取，以及透過對從屬的人或團體植入對當權者的恐懼或自貶觀點來行使權力。」（pp. 129-130）Erford 與 Hays（2018）以壓迫理論來說明霸凌的動力，認為壓迫的現象可以透過使用強迫力（主動造成身體或心理痛苦）或剝奪（被動地阻礙身心健康）來呈現。使用強迫力的壓迫通常採取線上或面對面的虐待或騷擾形式來傷害他人，例如霸凌者肢體攻擊被霸凌者，或是霸凌者散布不利於被霸凌者的謠言。透過剝奪造成的壓迫則是忽視或拒絕認可他人的基本需求，例如生存、安全、隸屬、自尊等，像是旁觀者對被霸凌者遭受肢體攻擊時的漠然反應，或是霸凌者對被霸凌者進行關係霸凌，使其遭受同儕的排擠。Feinberg 與 Robey（2009）則是以壓迫理論提出六種網路霸凌的類型：煽動、騷擾和跟蹤、誹謗、冒充、爆料和欺騙，以及排擠。前五類中的壓迫者使用了強迫力的形式直接對受害者造成心

理上的痛苦。第六類的排擠則反映了壓迫者如何透過剝奪的方式來進行壓迫，進而對他人造成心理上的痛苦。

　　Erford 與 Hays（2018）認為除了強迫力和剝奪這兩種形式之外，還可從三種不同層次的壓迫類型來說明霸凌的動力，包括：（1）初級壓迫，針對個人的公開和故意的傷害行為；（2）次級壓迫，本質上是被動的，雖然次級壓迫者可能不會使用身體或心理機制來支配另一個人，但他們會從他人的初級壓迫中受益，或者選擇在觀察時保持沉默，由此可見從眾者或旁觀者的行為都是屬於次級壓迫；（3）第三級壓迫，是指初級壓迫者散布的謊言和謠言就好像是真實的，亦即眾人積非成是後對受害者的人格或名譽造成傷害。

　　研究顯示學生涉入霸凌的原因有很多，例如嫉妒或報復受害者、讓自己在同儕中更容易被接受、感到支配和強大、對受害者缺乏同理心，或者因為他們自己本身就是受害者、相信受害者罪有應得、無聊或將其視為常態（Gordan, 2019; Robinson & Segal, 2019）。此外，大多數學生喜歡在進行網路霸凌時隱藏自己的身分，因為他們相信匿名讓他們不必面對受害者，也不必面對被抓到的後果，而且因為沒有目睹自己對受害者施加的痛苦，霸凌加害者可以藉由將他們的行為解讀為很幽默，或認為他們沒有做錯任何事來將傷害加以淡化。

參、霸凌對學生的影響

一、對受害者的影響

　　霸凌受害者會經驗到身體與情緒上的傷害，身體症狀可能包括腸胃問題、偏頭痛、感到疲倦或嗜睡、飲食習慣改變，以及睡眠障礙。

情緒上的變化，包括感到緊張不安、容易被激怒，這些都反映受害者的焦慮。社會層面的變化，包括對人際活動不感興趣和持續增加的孤立感。其他行為可能包括害怕上學導致缺席率高、不願參加戶外活動、焦慮、退縮、使用電腦時和使用電腦之後的不安、不願討論他們的焦躁、體重變化、不良睡眠習慣，以及出現關於自殺的言論（Hartung, 2018）。van Geel 等人（2014）對 34 個案例研究進行後設分析，發現網路霸凌的受害經驗是自殺行為的一個重要風險因子。另外，有幾個因素可能使網路霸凌對受害者的影響比面對面的校園霸凌更具破壞性，包括網路上的閱聽人是沒有上限的、即使已經刪除原始文章，但仍可用螢幕截圖的方式無限次轉發，此外，受害者目睹了這種流傳的誹謗，卻無法控制，從而加劇了無助感（Hinduja & Patchin, 2019）。

二、對加害者的影響

霸凌對加害者會帶來長期性的負面影響，包括出現藥物濫用、破壞性行為和輟學等的風險更高，與同儕相較，他們犯法的可能性是同儕的兩倍，重犯的可能性是同儕的四倍（Robinson & Segal, 2019）。

另外，需格外注意的是網路霸凌的持久性特質。加害者能夠不間斷地使用電子媒體，而且在線上發布的訊息是永久存在，這除了對受害者會造成傷害之外，對於加害者來說，他透過網路霸凌他人的行為也會留下永久記錄，對他未來在升學或職業與人際發展方面，可能造成負面影響。

三、對旁觀者的影響

在霸凌事件中，旁觀者在本質上是一個主動且涉入的參與者，因此霸凌被重新定義為三角關係，而不再只是「霸凌者一受害者」之間

的動態關係（Twemlow et al., 2004）。除了加害者與受害者會受到霸凌事件影響之外，占多數的旁觀者亦然，例如很多時候旁觀者雖然不認同霸凌行為，他想幫助受害者卻無能為力，就有可能產生內疚等情緒，甚至可能會有類似受害者的身心症狀。旁觀者若反覆暴露於霸凌情境中，將會對霸凌行為產生去敏感的現象，且想要協助受害者的動機也會降低，進而對受害者的同理也會愈來愈少（Orpinas & Horne, 2006）。

Rivers 與 Noret（2010）的研究發現旁觀者有較多的情緒困擾（如憂鬱、焦慮），還有胃痛、頭暈等因壓力引起的生理反應，甚至可能與受害者一樣在霸凌事件後較容易出現物質濫用、翹課、自殺等行為，而感到無能為力是最能預測旁觀者自殺風險的重要因素。

肆、預防與處理霸凌事件的原則和策略

生態系統觀點在理解和預防霸凌方面具有許多潛在優勢，研究發現涉入學校霸凌的兒童與青少年往往會在其他環境中遇到問題，包括在他們的家庭和社區中。幸運的是，生態系統理論的觀點可以協助學校輔導諮商專業人員同時在不同層次上進行處遇（Kolbert et al., 2014）。相關的研究發現如果採用生態系統理論，在霸凌預防與處理方案中納入與系統因素相關的內容，執行的效果會比較好，這些內容包括家長訓練、改善遊樂場或球場等休閒活動空間的管理、有效的班級經營，以及全校性的霸凌處遇政策（Hong & Espelage, 2012）。

一、家長參與取向

學校輔導諮商專業人員可以與受害者和其家長合作，處理諸如控

制感、賦能、目標設定、辨識優勢、自信、社交技能建立以及監控社交媒體等議題。輔導諮商專業人員也可以與加害者及其家長一起辨識霸凌的根本原因，例如憤怒、攻擊性、控制力，並鼓勵家長監控社交媒體的使用，以防止未來可能會發生網路霸凌。Ttofi 與 Farrington（2011）對預防霸凌的文獻進行後設分析，發現家長培訓、提供資訊給家長，以及召開家長會議都和降低學校霸凌事件發生率之間存在著相關。

　　Kolbert 等人（2014）以 Epstein 和 Van Voorhis 於 2010 年提出的六種家長參與類型為架構，來說明如何將其運用於因應霸凌議題。

（一）親職（parenting）

　　這種參與包括幫助家庭（例如家長和大家庭成員）了解兒童與青少年的發展，並提供資源使他們能夠建立支持學生學習的家庭環境。學校輔導諮商專業人員可以教育家長和社區成員了解霸凌的短期和長期影響，辨識他們的孩子可能是霸凌加害者或受害者的指標，檢視評估過往與孩子談論潛在受害或犯罪時使用的策略，以及鼓勵使用有助於降低孩子受害或犯罪可能性的策略。邀請家長參加學校舉辦的反霸凌會議日，並在會議中討論上述內容，是許多霸凌預防方案的重要策略。學校輔導諮商專業人員也可以透過學校輔導室網站、社交網路平台帳號或通訊專刊，提供家長可用來協助孩子預防與因應霸凌的資訊。

　　學校輔導諮商專業人員也可以幫助家長探索如何透過為孩子提供適當的社交互動機會，以更有效地促進孩子的社交發展，並幫助他們的孩子處理同儕互動關係。可以教導家長使用社會問題解決模式來促進其孩子的社會觀點取替能力，透過討論以下的問題來幫助他們的孩子分析涉及霸凌或攻擊的社會情況：（1）你在想什麼／感覺如何？

（2）你認為他或她（其他學生）在想什麼／感覺如何？（3）以前有過這種情況嗎？（4）你希望在這種情況下發生什麼？（5）你正在考慮嘗試哪些想法，或哪些想法在過去對你來說是有用的？（6）你現在／下一步打算做什麼？為了增加家長使用這些技能的可能性，學校輔導諮商專業人員可以透過角色扮演、網路影片或邀請已成功運用這些技能的家長來示範他們如何運用這些技能。

　　不管是受害者或加害者的家長，都可能會感到憤怒和防衛，Kahn（2000）建議學校輔導諮商專業人員使用焦點解決取向（solution-focused approach）的諮詢方法來協助家長提升親職能力。焦點解決取向的諮詢方法是建立一種合作與解決問題的氛圍，在這種氛圍中，學校輔導諮商專業人員會賦能學生家長，幫助學生家長透過探索家庭的優勢、資源和過去的成功經驗，覺察與意識到自身擁有實現目標的資源。輔導諮商專業人員不是關注問題，而是鼓勵學生家長專注於過去的成功經驗和問題的例外情況（即問題不存在或不太嚴重的時候）。輔導諮商專業人員不直接提供建議，而是讓學生家長參與建設性的對話，幫助學生家長對情境形成新的觀點，進而發展設計出適合其孩子與家庭的解決方案。另一方面，受害者的家長經常會感到絕望，並且傾向於過度涉入他們孩子的生活（Georgiou, 2008），這麼做可能是為了讓他們的孩子免於因缺乏健康同儕關係而出現的痛苦。在與霸凌受害者的家長進行諮詢時，學校輔導諮商專業人員可以用輔導諮商技術，例如簡述語意和摘要來認可家長的擔憂，但最終要將焦點轉移到家長對孩子的期待上，詢問家長他們期望孩子在目前的發展階段有哪些成長，這通常會引導家長說出諸如自信、更多朋友等目標。學校輔導諮商專業人員使用例外問句來探索學生表現出家長期望行為的那些閃亮時刻，或者學校輔導諮商專業人員可以使用量尺問句來詢問家長他的孩子表現出期望行為的程度。重要的是在過程中一

定要詢問細節。

　　學校輔導諮商專業人員與霸凌加害者的家長一起工作尤其重要，因為他們可能傾向於否認或盡量輕描淡寫孩子的攻擊性。學校輔導諮商專業人員需使用解決問題的語氣，強調諮詢的目標是要幫助他們的孩子以及請求家長的幫助，因為他們是最了解孩子的專家。加害者的家長常傾向於使用嚴厲或不一致的管教方法，以及較少展現具滋養性親子互動，因此家長總認為他已經成功地平衡管教和滋養，學校輔導諮商專業人員應該嘗試引導家長探索新的方向，例如學校輔導諮商專業人員可以問：「您認為您的孩子何時真正地理解您擔憂他對待他人的方式，以及您是如何將這一個訊息傳達給他的？」、「您做了什麼幫助他理解您的擔憂？」從生態系統的角度來看，此類家長諮詢的主要目的是向加害的孩子傳達一個重要的訊息，即他生活中的成人關心他和他的行為，並且這些成人會相互合作以支持他改變他的行為。

（二）溝通（communicating）

　　這種類型的參與是學校輔導諮商專業人員與學生家長進行雙向聯繫，共同討論與學校活動或學生學業、社會、情緒發展等資訊。當家長獲得相關資訊時，除了可以了解孩子的生活中正在發生的事情之外，他們往往也會感到與學校有更多的連結。此外，如果家長和其他家人提前了解學校相關活動的安排，他們就能更充分地參與學校活動，學校輔導諮商專業人員可以鼓勵教職員建立學校通訊，公告整個學期或學年度的行事曆。

　　學校輔導諮商專業人員還可以建立輔導諮商方案網站或社交網路平台帳號來分享資訊，有助於讓家長了解學校舉辦輔導諮商方案的相關團體、課程和全校性活動的資訊。

（三）志願服務（volunteering）

在這種類型的參與中，學校教職員能夠組織和鼓勵學生家長或家庭成員參與由學校發起或由社區成員發起的支持學生與學校方案的活動。為家長和社區成員提供的預防霸凌相關志願性活動相當多，且研究也發現，與具關照性成人的關係可以增加處於風險中的學生表現出正向的行為結果，因此，學校輔導諮商專業人員可以培訓家長或社區中的成人擔任高風險學生的導師（mentor）。

（四）在家學習（learning at home）

為了促進家長協助學生在家進行有效的學習，學校輔導諮商專業人員可以向家長提供有關學校相關規定的資訊，例如暴力零容忍政策，以及提供教育性資訊給家長以協助孩子練習非暴力溝通的技巧。學校輔導諮商專業人員也可以對家長進行關於學校活動的教育，這些活動資訊可能為家長提供一個機會，讓他們討論孩子與同儕的社交互動。

（五）做決策（decision-making）

此類型的參與是來自不同文化背景的家長和家庭成員能夠被邀請參與學校的相關決策會議。學校輔導諮商專業人員發展預防與處遇霸凌方案的第一步是在學校和社區內建立支持，因此可以藉由使用民主程序來與利益相關人互動，包括行政管理人員、教師和家長，如此一來，可以讓質疑或反對實施霸凌相關新規則的家長了解制定這些規則的過程，並鼓勵他們參與該過程。

（六）與社群合作（collaborating with the community）

　　這類型的參與包括辨識和整合社區中的資源、服務和其他資產，以幫助滿足學校人員、學生及其家庭的需求。學校輔導諮商專業人員可以協助家長獲得社區心理健康服務，以解決導致其孩子涉入霸凌的潛在心理健康問題。此外，學校輔導諮商專業人員可以協助社區心理健康專業人員與學校工作人員合作，因為他們可能缺乏與學校系統有關的教育脈絡或家庭動態的資訊。

　　學校輔導諮商專業人員與社區機構合作，為有需要的學生和家庭提供資源相當重要，與社區機構建立夥伴關係有助於他們感受到對學校系統和學校輔導諮商專業人員的工作有所貢獻，提升其專業成就感。

二、生態系統與社會正義取向

　　Erford 與 Hays（2018）認為如果學校教職員只考慮有關霸凌的症狀和統計數據，那麼他們可能尚未思考過唯有透過對學生的環境進行知情的與系統性的改變，才能滿足對社會正義的更大需求。正義的核心原則是世界應該公平運行，因此強調要直接反對壓迫制度和拒絕延續特權制度。在學校場域促進正義的關鍵途徑之一是為所有學生公平地分配資源和機會，在倡導每個學生都有權在生活中獲得尊嚴與安全感進而落實社會正義方面，學校輔導諮商專業人員和教育工作者扮演了關鍵的角色。

　　Gerwig-Parker 等人（2020）依據 Bronfenbrenner 的生態系統理論並綜合社會正義相關文獻後，提出在微系統、中系統、外系統和鉅系統的可行處遇，本書作者加入時間系統與台灣學者的經驗一併說明。

（一）微系統

　　教育被霸凌的學生並賦能他們採取行動以改變自己的微系統，透過學習新的行為和培養復原力，有助於讓處在一個或多個功能失調微系統中的學生可以用健康的方式走過被霸凌的負面經驗。此外，家長、教師、學校輔導諮商專業人員和旁觀者都對涉入霸凌事件的學生有直接的影響力，可以提供終結霸凌所需的直接幫助和倡導。

1. **家長**：作為主要照顧者，家長在保護和教育孩子方面扮演著重要的角色，無論他們的孩子是受害者，抑或是加害者。雖然一些學生可能認為這是對隱私的侵犯，但家長可以透過檢查瀏覽器的存取紀錄、調整隱私設定、在社交媒體上與孩子交朋友，以及取得他們所有的帳號和密碼來監督孩子在網路上的狀態，進而預防網路霸凌的發生（Stop Bullying, 2019）。Stomp Out Bullying（2019）建議家長可以思考七個問題，以確定他們的孩子是否正涉入網路霸凌的行為：（1）您的孩子是否曾為霸凌加害者或自己是受害者？（2）他是否迴避跟您談論他對電子設備的使用？（3）他是否擁有多個帳號？（4）當您在場時，他是否會關閉電腦上的視窗？（5）他是否過度沉迷於使用電子設備？（6）如果禁止他使用電子設備，他是否會感到不安？（7）當限制使用時間時，他是否會變得生氣與有敵意？上述這些行為中的任何一種都可能有其他的原因或解釋，但是如果反覆出現多次，家長應該認真思考與評估孩子是否正在經歷霸凌事件。

2. **教職員**：Hinduja 與 Patchin（2018）提供了十項指引協助教師和學校輔導諮商專業人員預防霸凌事件的發生：（1）使用正式訪談和問卷謹慎地評估學生遇到的問題，然後執行教育學生的策

略；（2）告知學生無論是在校內還是校外，學校對於霸凌都是採取零容忍的政策，學生需要認真看待每個學生都有權在校內和校外感到安全此一政策；（3）為所有學生營造正向的學校環境；（4）公告有關使用電子設備的明確規則和具體標準，以及違反規則的後果；（5）向教育主管機關進行諮詢，確認學校確實採取適當的預防和安全措施；（6）在教職員手冊中提供霸凌事件處理的措施與流程，包括各種霸凌事件的處理案例；（7）指導學生學習與精熟適當的社交和情緒技能，這將有助於他們在面對人際衝突時的自我覺察和自我調節；（8）運用高年級學生或同儕支持者來分享經驗並指導低年級的學生；（9）指派專人負責了解當前的霸凌議題和研究，進而教育學生；（10）教育家長、學生和學校工作人員，並提高意識。（p. 1）

　　雖然學校輔導諮商專業人員可能無法阻止每一次霸凌事件的發生，但他們可以教育學生以適當的方式進行溝通。尤其是在網路平台上的人際互動，教導學生要保持禮貌以及永遠不要發布他們不希望同儕看到的任何內容，並提醒維護密碼隱私性的重要（Robinson & Segal, 2019）。學校輔導諮商專業人員可以依據學生的發展程度辦理班級輔導課程，幫助學生提高因應霸凌的能力和技巧，此外，學校輔導諮商專業人員也可進行諮商、家長諮詢、教師諮詢、轉介、同儕協助、心理教育和倡導來預防霸凌的發生。

3. 旁觀者：旁觀者可能有機會打破或延續霸凌行為的循環，由於他們與受害者有同儕關係，他們的影響力往往比成人的影響力更有分量（Hinduja & Patchin, 2012）。如果旁觀者的立場是無所作為，將賦予加害者更多的權力，讓受害者感到被遺棄，甚至成為次級壓迫的參與者。然而，旁觀者可以透過傳達正面訊息，並在

看到霸凌發生時向成人報告，進而有效地幫助終止霸凌。藉由他們的示範，會鼓勵更多的學生有勇氣揭露與舉報霸凌事件。

除了 Gerwig-Parker 等人（2020）所聚焦的家長、教師、學校輔導諮商專業人員和旁觀者外，霸凌加害者在受害者的微系統中也是重要的存在，因此亦須與霸凌加害者工作。有研究發現，教師清楚明確的譴責霸凌行為，而非譴責霸凌加害者個人，並且激發其同理心最能引發改變動機；相反的，如果霸凌加害者感受到被責備，則無法產生效果（Garandeau et al., 2016）。林淑君（2018）表示學務處與輔導專業人員須堅定清楚的讓學生知道「霸凌行為」是被制止的，另一方面，輔導專業人員透過輔導活動激發霸凌加害者的同理心，並學習解決同儕紛爭的社會技巧亦是有效的介入策略。

（二）中系統

要引發學生的霸凌行為產生改變，必須是各個微系統在中系統此層次能相互協同合作，例如學校輔導諮商專業人員實施的復原力課程，也由教師融入在各科課程中，以及在家庭系統中實施以增強家長的能力（Hinduja & Patchin, 2020）；或是輔導諮商專業人員協助導師或學務處老師發展對不適當行為的設限技巧，讓出現霸凌行為的學生清楚了解是「霸凌行為不對」，而非「我這個人是錯誤」的知覺（林淑君，2018）。

（三）外系統

學校行政管理人員和學校政策是學生外系統的重要組成部分，學生可能永遠不會與這些政策或行政管理人員互動，但他們對學生的行為具有約束力。經過仔細周全評估後制訂有明確期望和後果的政策，

是建立社會公平文化的必要成分，有助於提升學生內在的價值。在為學校制定政策時，行政管理人員應反思政策如何塑造學校的文化，例如：這項政策是助長還是遏止壓迫？這項政策是否創造了凝聚力或加劇了關係分歧？這項政策顯示我們如何看待和對待彼此？

（四）鉅系統

　　廣泛的文化信念不可避免地會融入在政策中和個人行為中，例如社會大眾認為遭受霸凌是源自於受害者本身的個人特質或外貌等因素，以及認為霸凌是學生之間的玩鬧、小摩擦，不需過於放大檢視等迷思，都是影響霸凌行為無法終止的因素，因此進行意識喚起，改變這些迷思是預防與因應霸凌事件的重要任務。

（五）時間系統

　　霸凌事件通常是連續多次發生，因此學校輔導諮商專業人員須了解隨著時間推移，霸凌事件的利益相關人其生活經驗的轉變，會產生足以削弱或助長霸凌事件的關鍵影響力，從中找到可形成介入處遇的著力點。例如謝文瑄（2020）的研究發現，目睹關係霸凌事件並向受害者伸出援手的國中生，他們的個人特質、過去被霸凌經驗的轉化、中介系統的生活經驗、重要他人的影響，以及文化潛移默化等多元交織性，都是讓他們從旁觀者轉變為保護者的重要因素。

三、團體輔導諮商

　　學校輔導諮商專業人員可以分別為遭受霸凌的學生和加害者提供團體輔導諮商，相關主題包括自尊、社交技能、做決策、解決衝突、同理心、復原力、自信等。團體可以提供情感支持、鼓勵溝通與自我揭露、獲得控制感，鼓勵學生將注意力重新集中在自己和目標上，而

不是霸凌事件上。

（一）自尊團體

　　自尊包括一個人在有意義的生活領域取得成功、對自己的抱負有信心以及提高自己價值感的能力（Mruk, 2013）。自尊在學生的表現、同儕關係和整體幸福感中發揮著重要作用，輔導諮商專業人員可以帶領團體諮商處理自尊的問題，並專注於學生的優勢、內在資源、成長性的心向，以及學生可以運用自己的優勢來實現目標的具體方法（Paolini, 2018），因此，輔導諮商專業人員可以在團體諮商中融入自我肯定、正向的自我對話、日記、賦能拼貼、願景想像等活動，來提高學生的自我價值。

（二）社交技能團體

　　社交技能是幫助學生建立快樂和健康關係的關鍵技能，輔導諮商專業人員可以帶領社交技能團體諮商，以協助學生處理溝通、情緒、因應技巧和自我控制等議題。輔導諮商專業人員也可以整合角色扮演、空椅技術、比手畫腳和合作分享等活動，以幫助學生提高他們的社交技能。

（三）做決策團體

　　做決策對學生而言相當重要，輔導諮商專業人員需要教導學生在行動前思考，因為每一個行動都會引發後續反應。輔導諮商專業人員可以與學生討論健康的決策、情緒調節、權衡利弊得失以及考量每個選擇對自己和他人的影響（Paolini, 2018），並且運用決策樹、邏輯後果等策略協助學生辨識他們的目標、選擇和後果。

（四）衝突解決團體

由於衝突是不可避免的，因此學生需要具備以建設性和健康的方式解決問題的技能（Doyle, 2017）。輔導諮商專業人員可以教學生如何辨識衝突的來源、鬆動原本的思考框架，改以超越事件的方式來思考、進行腦力激盪找出所有人都支持的解決方案、透過協商與妥協來達成共識，進而達到雙贏的結果。輔導諮商專業人員可以在團體中加入同儕調解、討論、傾聽技巧和合作等活動。

（五）同理心團體

同理心是學習社會情緒的基礎，鼓勵學生去感受他人的感受，以便真正了解他人的生活經歷（Catapano, 2018）。學生需要學習同理心，了解自己的行為對他人會造成哪些影響，以及理解他人的觀點（Paolini, 2018）。輔導諮商專業人員可以透過示範、鼓勵公開對話、角色扮演、引導想像、鼓勵學生從同儕的角度思考、辨識和分享價值觀與差異，以及加強溝通和合作，創造讓學生分享、學習和交流想法的機會。

（六）復原力團體

復原力使學生能夠面對逆境，克服壓力源，並且不會讓困境來決定他們成為什麼樣的人。輔導諮商專業人員可以向學生傳達復原力的重要性，以便他們能克服學校和生活中的阻礙，並繼續堅持不懈，得以充分發揮他們的潛力。在團體中，輔導諮商專業人員也可以策略性地讓學生經驗失敗，因為這是學生從錯誤中學習、管理情緒、以多元視框思考情境，以及發現一線希望的寶貴時刻，可以詢問學生：「你從這次經驗中學到了什麼？」、「你是如何變得更強大的？」、「你

可以在未來做些什麼不同的事情？」復原力團體的主題可以包括：定義復原力、辨識當我們感到悲傷或失望時會經歷哪些情緒、邀請學生把自己畫成超級英雄以及為他們的超級英雄和超能力命名、討論學生擁有哪些優勢使他們能夠展現復原力、他們後續可以採取哪些行為，且這些行為會如實地反映他們的超級英雄是以具復原力的方式來採取行動（Paolini, 2018）。

（七）自信團體

自信是一種特質，可以讓一個人以有信心的方式表達自己，而不是被動或咄咄逼人。學生擁有自信特質很重要，這樣他們才能有效地表達自己的感受和想法，為自己和他人挺身而出。擁有自信的人能夠更好地進行溝通，並減輕壓力，也更能辨識感受，贏得他人的尊重，改善溝通方式，與他人建立誠實的關係，並獲得更高的學習和生涯滿意度（Paolini, 2018）。輔導諮商專業人員可以透過角色扮演、練習語言溝通和非語言溝通、行為演練等方法來提升學生的自信。

四、班級輔導

學校輔導諮商專業人員可以就霸凌的跡象、危險和後果等為主題來進行班級輔導，以啟發學生思考並營造安全的氛圍，讓學生可以安全地自我揭露和分享他們的經歷。輔導諮商專業人員也可以邀請學生領袖一起進行班級輔導，與學生談論他們的經歷，以及霸凌的危險，因為學生有時更容易接受同儕的意見（Gerwig-Parker et al., 2020）。運用同儕領袖有助於鼓勵開放式溝通、傳遞訊息的效果更好、促進凝聚力和團結，以及營造更加寬容和接受的學校氛圍。林淑君（2018）的研究也發現採用生態系統取向的班級輔導，能有效協助學生發展利社會行為，改善班級中的霸凌現象，並提升正向友善氛圍。

五、與利益相關人合作

　　輔導諮商專業人員的職責繁多，個案量非常大，為了滿足利益相關人的所有需求，合作是減少霸凌的關鍵策略。鼓勵輔導諮商專業人員與受害者和加害者合作，以幫助他們釐清行為的動機、責任、自我概念、學業、社交技能等議題。輔導諮商專業人員可以與目睹霸凌行為的旁觀者合作，並鼓勵這些學生挺身而出，努力做出積極的改變。輔導諮商專業人員也要與教師合作，因為教師每天都直接與學生一起工作，並且可能擁有與學生受到霸凌影響有關的額外想法和訊息。輔導諮商專業人員還要與家長保持合作，並教育家長關於霸凌的相關徵兆與後果，並鼓勵他們與孩子就霸凌進行公開對話（Gerwig-Parker et al., 2020; Paolini, 2018）。

伍、結語

　　Gerwig-Parker 等人（2020）相信學校可以成為終結霸凌、落實社會正義的先鋒，學校可以為改變同儕互動的文化創造有利的空間，以終結霸凌事件及其對所有學生造成的破壞性影響，本節以他們給學校的整體性建議作為結語。

一、支持教師

　　學校可以鼓勵舉辦相關訓練課程與研習，例如教師會議、研討會和演講。此外，也可以透過線上課程裝備教師和輔導諮商專業人員的知識，以確保所有教職員都熟悉相關的法律、政策和學生權利。

二、支持學生

　　教導學生人際互動以及使用網路的禮儀、提供支持給每一個學生,對於被確認為高風險的學生(經濟不利、多元性別等)制定滿足其特定需求的政策與配套措施。

三、與家長對話

　　舉辦親師座談會,溝通說明學校的反霸凌政策,以及家長在其中的責任,邀請家長共同努力。

四、分享資源

　　學校網頁應分享可用的資源,以幫助行政管理人員、家長和學生在有需求時,能及時取得。

Chapter 5 | 經濟不利與貧窮

壹、前言

　　社會經濟地位（socioeconomic status, SES）是一種比較性的社會地位，比較的依據是個人的教育成就、收入程度與職業聲望的組合。個人的社會經濟地位會影響他能夠獲得的資源多寡，而所獲得的資源量不足，又會進一步導致飢餓、無家可歸、教育機會與職業選擇機會有限等困境。

　　長期以來，社會意識型態對個人的貧窮處境有不同理解，進而出現不同的歸因，貧窮歸因是一種理解個人獲得或失去資源是個人性因素或結構性因素造成的視框。個人性因素歸因的觀點認為，一個人之所以貧窮或富裕是取決於他的個人價值、工作熱情或其他個人特質，因此個人要為自己的社會經濟地位負起責任。結構性因素歸因的觀點則認為，個人的貧窮或社會經濟地位是受到社會、政治與經濟等因素的影響。研究發現大多數人在思考社會經濟地位時，會將貧窮視為個人責任，此種意識型態會讓人們對貧窮議題的討論被消音，致使處在經濟不利狀態中的人更容易遭受到責備、羞辱或貶低（Foss-Kelly et al., 2017）。

　　然而，在 21 世紀初期因著急遽與多元的社會變遷，例如網路泡沫化、疫情、戰爭等等，使得許多國家與國際經濟結構受到巨大衝

擊，許多產業的發展出現停滯，甚至蕭條的現象，很多家長也因此面臨無薪假或是裁員的困境，這些都是導致學生處於經濟不利處境的因素。學校輔導諮商專業人員必須了解引發經濟不利與貧窮的多元因素以及後續的漣漪效應，才能以適切的處遇介入來協助學生。

貳、經濟不利與貧窮對學生的影響

　　學生的家庭經濟狀況對其學習具有影響力，因經濟狀況造成的學習成就差距，在學生進入幼兒園之前就很明顯，並在高中畢業前的求學歷程中都持續存在著（Williams et al., 2017）。Noguera 與 Wells（2011）描述了密集型貧窮（concentrated poverty）會以三種方式直接影響學生在學校的表現，第一是生活貧困的學生在校外獲得學術和社會支持的機會通常有限，例如家教、學術充實機會、暑期課外學習活動等。其次，這些學生經常暴露於不利於他們健康、安全和幸福的生活條件，例如食物供應不穩定、居住房屋條件惡劣、獲得醫療資源有限等。第三，生活貧困學生的家長因為面臨不利的條件，例如缺乏潛在的合作夥伴和人際網絡等，因此通常無法獲得較多的社會資本。這些與貧困相關的因素對學生的學業發展會造成嚴峻的挑戰。

　　Henry 等人（2017）觀察來自低收入背景的學生其發展脈絡後，發現他們在生活中遭遇到的種種不平等現象，與他們面臨的許多壓力源和結構性阻礙有關，例如普遍存在的階級歧視、經濟機會有限、家庭成員失業或工作不穩定、無法溫飽、生活的社區有較高的犯罪率、住家環境條件不佳、社區資源網絡的可用性有限、學校資金不足，沒有足夠的方案和服務來支持學生的需求。這些壓力源和阻礙讓處於家庭低收入狀態的學生在心理健康、行為、教育、經濟發展等面向

會面臨更多的風險，致使貧窮循環持續下去（陳杏容，2022；Ivey & Zalaquett, 2011; Moore et al., 2009; Robbins et al., 2012）。

　　當學生承受的壓力愈大，他們就愈有可能在學業和心理健康發展方面經歷負面的結果，包括學業成績差、上學出席率低、憂鬱、注意力不集中和其他行為問題，進而導致他們完成學業和接受高等教育的可能性降低（林淑君、王麗斐，2017；Robbins et al., 2012）。經濟不利處境的學生在學業上的挫敗是導致輟學的前因，也增加了他們未來出現貧困生活的風險，例如低薪工作、觸法監禁、醫療保健不足以及進一步根深蒂固的貧困，進而出現所謂的死亡螺旋（death spiral）現象（Sered & Fernandopulle, 2005）。

參、學業復原力的內涵與重要性

　　儘管生活中存在著上述這些挑戰，許多處在經濟不利處境中的學生仍持續在學業上取得成功，他們努力突破貧窮帶來的困境和侷限生涯發展的框架。這些學生通常被稱為擁有學業復原力（academic resilience），亦即儘管這些學生來自低社會經濟地位背景，但在學業上仍能取得成功（Williams & Bryan, 2013; Williams et al., 2015; Wyner et al., 2007）。

　　學業復原力的展現會因學生而異，並且會隨著時間的推移而提升或下降，這取決於學生生活中是否存在著多種保護因子（包括個人性資產和環境性資產），以及學生如何運用這些保護因子來減輕經濟困難帶來的學業風險（Borman & Overman, 2004）。相關研究發現無論學生的年齡、生活環境或文化背景為何，有一些保護因子是學業復原力的重要預測因子，例如生活中具關懷性和支持性的關係（包括家

庭內與家庭外）、內在動機、正向的自我概念和學業自我效能感、內控信念、來自關係網絡的支持或建議，以及社區資源和服務的可及性（Martin & Marsh, 2009; Morales, 2010; Vanderbilt-Adriance & Shaw, 2008; Wong, 2008）。

Williams 等人（2017）以高學業成就和經濟不利背景的學生為研究對象，研究結果發現這些學生認為有助於他們在學校取得學業成功的保護因子包括：同儕社會資本、關心的教師、家庭和社區資產，以及多種動機來源這四個核心主題。

一、同儕社會資本

學生傾向將他們的學業成功歸功於正向的同儕關係，尤其是同伴友誼以及透過這些關係獲得的幫助。此類型的同儕關係是所謂的學校導向同儕社交網絡（school-oriented peer social networks），學生們會鼓勵彼此在學業上的努力和成就，並提供持續性的學業和社會支持。同儕社會資本又可細分為：（1）培植利學業行為（cultivating proacademic behaviors），包括模仿其他學生的利學業行為、態度和抱負（例如定期上課、取得好成績、持續學習、設定目標、管理自己的時間、有生涯抱負和重視教育）；（2）非學業性的同儕支持（nonacademic peer support），亦即來自同儕的非學業性支持（例如建議、激勵、開放和積極傾聽）能幫助他們避開與貧困相關的常見困擾，並專注於他們的學業；（3）互惠的學業支持（reciprocal academic support），學生能從同儕提供課堂外的學業支持中受益，並且他們也齊心協力為同儕的學業成就做出貢獻。

二、關心的教師

學生表示與至少一位老師建立溫暖和關懷的關係是他們學業

成功的關鍵，教師的關心行為又可細分為：（1）教師的關懷行為
（teacher caring behaviors），對學生表現出關懷行為的教師，有助於
增強學生對學習的承諾並取得好成績，例如與學生進行一對一的互
動、傳達對學生的信心、提供校外資源和服務的轉介、詢問學生在校
外的生活以及辨識學生的優勢；（2）同理與文化知識（empathy and
cultural knowledge），學生將他們的學業成功歸功於因為教師對貧困
如何影響他們的日常生活有所理解，尤其是這些教師為學生提供在課
堂上完成作業的機會，確保他們有學習用品（例如文具用品），讓學
生敘說自己的故事，並將課程內容與他們的真實經驗加以連結。

三、家庭和社區資產

　　第三個主題與學生有能力運用家庭和社區資產來支持他們的學
業抱負和努力有關，可進一步細分為：（1）身邊有具關懷性的成人
（access to caring adults），處於經濟不利困境中的學生認為在家庭
和社區中有關心他們的成人（例如家中長輩、親戚、鄰居、社區和
宗教領袖等），對於他們在學習上能有正向表現具關鍵影響力，這
些具關懷性的成年人會提供鼓勵、經濟支持、道德支持、學習資源
和具體指導來協助學生克服阻礙學業成功的因素；（2）校外學習經
驗（learning beyond school walls），校外學習機會可以幫助學生加
深對課堂學習內容的理解，培養新的才能，並增加學生對接受教育
的興趣；（3）生活中有具復原力的角色楷模（access to resilient role
models），學生生活中有具復原力的角色楷模（例如家人、朋友和鄰
居），會激勵他們克服與貧困有關的阻礙，進而獲得學業成功。這些
有復原力的人不僅可以作為榜樣，還能為學生提供如何克服逆境的願
景和藍圖。

四、多種動機來源

　　這一個主題與學生有能力運用內在和外在動機來源以取得學業成就有關，可分為：（1）渴望擺脫貧窮（desire to transcend poverty），學生們將超越貧困和能有更優質生活的願望作為在學校取得好成績的激勵因素，對於這些學生來說，接受教育是擺脫生活貧困以及因貧困而出現的各種困境的重要策略；（2）看到努力後的成果（seeing the fruits of my labor），學生表示看到自身努力工作的成果會激勵他們在學校取得好成績，這些學生將獲得好成績、獎勵和表揚視為對他們辛勤學習的認可；（3）生涯抱負（career aspirations），學生相信在學業上的努力，最終會讓他們有更多的機會選擇條件優渥的職業，進而能夠支持家庭的經濟保障；（4）他人給予的鼓勵話語（encouraging words from others），學生表示來自他人的鼓勵話語對於他們在學校取得好成績有很大的幫助。特別是無論他們每一次的學習表現結果為何，如果家庭成員和朋友都會對他們在學校的努力和進步做出具體與正向的回應，對他們來說是讓他們堅持不懈的重要因素。

　　台灣學者陳杏容（2022）的研究發現處於經濟不利處境的兒童和青少年，如果其家庭中的成人以各種形式表達關心與照顧，再累也會關注孩子的學習狀況、學校教師提供及時的支持與機會、同儕友誼產生的歸屬感幫助他們隔絕外在壓力、社會福利機制提供必要的生存資源，有利於學習發展的機會，並拓展社會資本。此外宗教有形的資源可以減輕匱乏感，無形的信念與持久的關懷能安頓身心，都是有助於他們發展學業復原力的重要因素。

　　綜上所述，可以了解學業復原力是個人性和系統性保護因子相結合後的結果，系統性保護因子的影響力尤其重要，可以減輕學生因經濟不利與貧困而經歷到的風險和脆弱性以及後續衍生的不利影響。

肆、培植學生學業復原力的原則與策略

　　如果學校輔導諮商專業人員要支持經濟不利與生活貧困學生的成長和發展，那麼運用策略在學生的系統中培植學生的學業復原力就相當關鍵，重要的原則與策略說明如下。

一、採用系統取向的處遇

　　因為學業復原力在本質上是系統性的，亦即它們同時存在於多個層次並且相互影響，因此學校輔導諮商專業人員必須採用系統取向的處遇作為培植學生學業復原力的策略。儘管個別輔導諮商可以培養學生對生活的掌控感和執行能力，但考量到學生身處其中的環境存在著許多逆境和風險，學校輔導諮商專業人員必須謹慎地超越僅關注個人層次問題的工作模式，改以多管齊下、多層次和優勢觀點的處遇，例如透過建立正向的同儕網絡，培植以同儕為基礎的社會資本、協助教師和學校成年人裝備關照學生的能力，營造具滋養性的學校氛圍。

二、與學校系統資源和社區資源合作

　　在社區資源方面，學校輔導諮商專業人員可以與大學的服務學習社團或社區機構合作，並邀請與鼓勵這些組織的成員來學校進行方案和外展服務，這些團體和方案資源可以讓學生接觸到具有相似學業目標和興趣的同儕，且這些同儕是具支持性的，亦即建立學校導向同儕社交網絡。學校輔導諮商專業人員也可以與校內資源合作，以協助經濟不利處境的學生建立學校導向同儕社交網絡，例如輔導諮商專業人員和教師可以一起合作，為學生開發在午餐時間和放學後的學習任務小組，並鼓勵學生參加這些小組，以在作業學習和其他學習任務等方

面互相幫助。

三、在校內建立具關懷性的成人社群

　　學校輔導諮商專業人員可以透過在學校內建立一個具關懷性的成人社群來增強學生的學業復原力，例如認輔教師、家長志工。要特別提醒的是，在與處於經濟不利困境中的學生一起工作時，認輔教師或家長志工可能會錯誤地認為對學生生活中的困難表示同情就是關懷，然而，只有同情是不夠的。誠如 Williams 與 Bryan（2013）所言，有關照能力的教師和成人必須透過實踐社會正義的具體作為來激勵學生，鼓勵學生儘管在逆境中仍保有夢想和高期望。因此，認輔教師或家長志工必須對學生抱有正向的期待、肯認學生的生活經驗與生涯目標、展現鼓勵與支持的具體行為。

四、協助教職員裝備多元文化知能

　　學校輔導諮商專業人員可以協助全校教職員裝備多元文化知識，這對多數是處於中產階級主流文化中的教師來說尤其重要，因此，輔導諮商專業人員必須樂於協助教師和其他學校工作人員覺察因社會經濟地位帶來的特權，以及對貧窮的偏見如何在日常生活中運作，進而可能會阻礙他們對所有學生表達關照的良善意圖（Matias & Zembylas, 2014）。例如學校輔導諮商專業人員可以協助教職員就下面這幾個問題進行反思：在我的家庭系統中，有哪些關於貧窮的信念或價值觀，持續在代間傳遞著？我是否曾因我的社會地位而獲得重要的機會？我曾在何時表現出階級歧視的行為？相關研究結果顯示在求學過程中，教師對學生的生活脈絡有所理解，尤其是肯認學生處在貧困環境中，其身體和情緒上的筋疲力竭現象都是日常生活中的一部分，這種深層的理解是對學生的學業成績最具影響力的關鍵因素

（Baker et al., 2008; Murray & Malmgren, 2005），學生會受到教師的鼓舞，進而在學校取得成功並在逆境中堅持不懈。

五、善用多元專業合作關係

　　培植經濟不利學生的學業復原力需要協調一致的、全人的以及學校整體取向的諮商方案（Bryan & Henry, 2012），這意味著學校輔導諮商專業人員必須擅長於建立多元專業合作關係。當輔導諮商專業人員與家庭、學校和社區的利益相關人合作時，他們就讓自己處在一個有利的位置而能幫助多數的學生。合作夥伴關係的優點包括：（1）為利益相關人提供網絡、資產和方法，得以將經濟不利的學生與具關照能力的成人加以連結；（2）可以提供校外學習的機會，促進經濟不利背景的學生獲得原本無法獲得的學術資源和支持；（3）可以提供具復原力的角色楷模；（4）可以提供同儕輔導的資源，讓經濟不利背景的學生獲得必要的情感支持、諮詢或建議以抵禦壓力環境，並以適當和有效的方式因應。依據 Bryan 與 Henry（2012）的主張，將學校、家庭和社區利益相關人聚集起來，形成一起為學生服務的多元系統對學生來說至關重要。儘管生活中充滿著與經濟不平等有關的風險和逆境，但來自經濟不利背景的學生仍可以在獲得適當的支持下，具體展現成功的發展（Williams & Bryan, 2013; Williams & Portman, 2014）。

伍、培植學業復原力輔導諮商方案舉隅

　　Henry 等人（2017）提出以信仰為基礎的 Just Love 夥伴關係方案，來協助處於經濟不利環境中的學生得以發展學業復原力。在他

們的方案中發現，以信仰為基礎的社區組織及其成員（以台灣為例，舉凡世界展望會、家扶中心、勵馨基金會、善牧基金會、慈濟基金會等皆屬之）在與學校、家庭，甚至其他社區成員合作以發展和實施方案，進而促進學生的學業、社會情緒和生涯發展方面發揮著核心作用。對於許多面臨經濟挑戰的家庭和社區居民來說，以信仰為基礎的組織是學生、家庭和教師的寶貴支持及資源的來源，是重要的社會資本（Green-Powell et al., 2011）。Just Love 夥伴關係方案包括三個子方案：

一、Just Mentor

為那些被學校輔導諮商專業人員和老師認定為遭受經濟不利因素影響的學生提供成人導師的資源，整個方案實施的過程中，學校輔導諮商專業人員和社區組織志工群的領導者要密切合作，確保志工導師的背景調查和資格沒有疑慮、有經過培訓，並在為學生媒合志工導師之前取得家長的同意。志工導師每週在午餐時間或課後活動期間與學生見面一次，並承諾提供至少一年的服務，因這對學生生活維持一致性相當重要。

二、Just Connect

Just Connect 是一項班級認輔方案，社區組織的志工群會根據班級的需求評估結果，以小組為單位認輔一個班級，提供該班級教師、學生和家庭服務。志工們一起合作為教師和學生提供所需的資源和協助，例如為學生進行朗讀和輔導學生、建立班級圖書館、陪同校外教學、提供班級和學生學習用品、提供生日和節日禮物等。

三、Just Rewards

Just Rewards 是一項全校性的激勵和充實方案，目的是向學生提供激勵措施，以鼓勵他們穩定地準時到校上課，並改善行為表現和學業成績。具體的激勵項目包括提供學生參與課外活動或多元課程等機會。

Just Love 方案中的志工專注於成為學生的正向榜樣，為他們提供新的體驗和機會，並支持他們在學業和社交技能方面的成長，此外，他們還與學生們分享自己的人生經歷和奮鬥歷程。Henry 等人（2017）提醒，學校輔導諮商專業人員有意尋求以信仰為基礎的夥伴關係時，有一些重要原則須留意與掌握，例如要教育信仰組織的志工們須尊重學生和其家庭的文化與宗教，以及持續追蹤家長讓他們的孩子參與方案的意願。這兩個原則有助於確保當學生或家庭的信仰與社區組織所信奉的信仰不同時，他們不會被排除在方案之外，也允許家長自由選擇他們希望孩子參加的活動。尤其重要的是，學校輔導諮商專業人員要確保家長了解他們有自主權，可以選擇讓他們的孩子退出方案，並獲得替代性的資源。

陸、結語

學校輔導諮商專業人員雖然無法直接改善學生家庭的經濟狀況，但可以裝備知能並覺察經濟不利處境的學生在學業上的挫敗是導致輟學以及未來出現貧困生活的前因。而學業復原力是重要的緩衝器，因此學校輔導諮商專業人員要裝備相關知能以辨識與培植這些學生的學業復原力，協助他們在經濟不利的逆境中，獲得支持與資源得以走出一條不同的發展路徑。

壹、前言

　　學校行政人員與教育政策制定者最常問的問題是學校輔導諮商服務如何促進學生的學習表現？如何減少學生中途輟學（以下簡稱中輟）的風險？生態系統模式與多元文化觀點有助於學校輔導諮商專業人員為此問題提供具體可行的答案。Leonard（2011）認為使用生態系統理論可以幫助學校輔導諮商專業人員和教師看到學生的整體，並了解學生的優勢資源，以及系統裡存在著哪些負面阻礙、這些阻礙如何傳遞與相互影響，進而造成學生生活中的痛苦和學習困境。此外，具有文化敏感度的學校氛圍以及教師提供的參與式教學法和關懷態度，有助於營造團隊合作的班級氛圍，進而激發學生的學習動機和進行更深入的批判性思考（Wiggan, 2008）。Leonard（2011）認為朝正向軌跡發展的學生可以成功地駕馭他們的生活系統，而成功駕馭的成果會反映在良好的成績和成就上。

　　系統與文化的視框可以幫助輔導諮商專業人員了解，處於輟學困境的學生在哪些方面經歷了對其學業成就產生負面影響的掙扎和阻礙，進而加以介入處遇。

貳、學習成就與中輟

Doll 等人（2012）認為預測中輟的指標之一是學習低成就，長期學業低成就會導致學生知覺學校是一個不歡迎他們的地方，因此學生會開始逃避學校中的社交活動，進而與同儕逐漸疏離。依據習得無助感的觀點，學生在小學階段出現的學習低成就如果沒有及早被發現與獲得協助，會像滾雪球般地逐漸惡化，以至於進入中學時學生對於學習會感到心灰意冷。為了讓自己的感受好一些，學生會開始出現各式的違規行為、表現出抗拒的態度，以及逐漸地脫離學校，因此中輟這件事對學生與教師來說，就變得是一個相當矛盾的結果，一方面不希望它發生，另一方面所採取的作為卻又往往是導致這個結果的原因。

學生中輟的後續漣漪效應是缺乏學歷，這會讓學生進入成年期時面臨工作機會的選擇較少、工作滿意度較低的困境。研究顯示，輟學與就業率下降、犯罪行為以及對健康和社會產生負面影響有關（Bjerk, 2012; Conger et al., 2010; McDermott et al., 2019）。

參、影響學生中輟的系統性與文化性因素

Doll 等人（2012）認為學生的學習表現受到多元層次因素的影響，從微系統到鉅系統的因素皆有，此外，學生個人內在的多元系統，例如生物、心理、社會、認知也必須被視為是整合的整體，每一個系統的成長與改變皆會影響其他系統。因此，除了了解生態系統間的交互作用之外，也必須了解學生的學習表現跟其他層面的發展必然是相互依存的。Sameroff（2009）說明這些多元系統因素間的關係是

具交換性的、多方向的交互作用，在任一系統出現的變化會引發其他系統的轉變，而這些轉變會再反過來影響原始的系統，隨著時間逐步地相互改變。

一、缺乏學校參與

　　學生缺乏學校參與（school engagement）和中輟有直接相關（龔心怡、李靜儀，2015；Rumsey & Milsom, 2019），學校參與是指學生積極參與學習和課外活動或與學校相關的活動，以及對學業的目標有所承諾，致力於學習和實現學業目標。有參與度的學生會發現學習意義，並願意與採取具體行動投資他們的學習和未來發展。學校參與是一種多維結構的行為，包括行為（含括學術）參與、認知參與和情感參與，學校參與會推動學生的學習、需要學生投入精力和努力、會受到多種脈絡因素的影響，並且所有學生都有機會可以實現學校參與（Christenson et al., 2012）。學校參與的例子包括完成任務、積極參與課堂活動和表現自律行為，學校參與在學生完成學業以及為未來的升學和就業做好準備的過程中發揮著重要作用（Janosz, 2012）。

　　學校參與度的本質是可改變的，植根於學生所處的重要環境（例如家庭、學校、同儕），並與正向的學習成果有直接相關，因此，最具成效的中輟預防策略是建基於參與理論（Christenson et al., 2012）。此外，除了中輟之外，參與度和所有學生的學業、社交與情感學習成果有關，學校參與的概念提供了一個架構，讓學校輔導諮商專業人員可以更全面地描述學生在學校的經驗。另一方面，從學校參與的角度來看，顯而易見的是學生所展現不同類型的參與行為是相互關聯的，例如聚焦於學生自我調節（認知參與）或學校關係／歸屬感（情感參與）的處遇措施，也可能對他們的參與行為產生正向影響（例如課堂參與、出席率、課堂／學校中的正向行為）（Lovelace et al., 2017）。

二、創傷經驗

依據 Porche 等人（2011）的研究發現，經歷過創傷的學生其輟學率（19.79%）明顯高於沒有經歷過創傷的學生（12.97%），隨著人們愈來愈意識到創傷可能對學生產生的影響，學校教職員和輔導諮商專業人員必須提供創傷知情服務。儘管學校可能無法預防創傷經歷，但隨著人們對創傷是什麼以及它如何影響學習成就的認識不斷提升，學校輔導諮商專業人員可以幫助學校辨識並提供相關的創傷知情處遇和服務。

遭受創傷是許多學生的潛在問題之一，它很常被忽略，但對學習、行為、學校參與以及完成學業均會產生直接的影響（Iachini et al., 2016; Porche et al., 2011; Rumsey & Milsom, 2019）。Briere 與 Scott（2015）認為創傷事件是「非常令人不安，暫時壓倒個人的內在資源，並產生持久心理症狀」的事件（p. 10）。美國全國兒童創傷壓力網絡（National Child Traumatic Stress Network, 2013）指出，創傷是接觸或經歷單一或一系列令人恐懼或具有威脅性的事件，這些事件具有壓倒性的持久影響，並挑戰一個人的因應能力。Meyers（2014）認為對兒童和青少年最普遍的創傷威脅不一定是大規模、單一發生的創傷性事件，而是可能在家庭或社區內反覆發生的長期性和系統性的暴力行為，例如家庭暴力、極度貧窮、生活在充滿暴力事件的社區等。

直接經歷和接觸任何潛在的創傷事件都會影響學生在學校進行成功學習的能力（Perfect et al., 2016），例如創傷會改變大腦結構並導致認知和發育問題，大腦結構的變化可能會危及學生維持注意力、調節情緒和行為的能力（Craig, 2016; Meyers, 2014; Walkley & Cox,

2013）。創傷還會干擾處理因果關係、組織和記憶新訊息的認知能力，破壞語言和溝通技巧的發展，並削弱創造性遊戲的能力（Morton & Berardi, 2018; National Child Traumatic Stress Network, 2014），而自我控制、專注力、記憶力、組織能力、理解力和社交技能都是學習的重要基礎，任何一個領域受到干擾，都會損害學生參與課堂任務和學習的能力，進而影響學生獲得學業成功的可能性（Rumsey & Milsom, 2017）。創傷可能對學生的認知、心理、社會和行為發展帶來挑戰，與影響學生投入學校參與和完成學業的負面因素彼此間有密切相關。

　　個人對創傷的反應各不相同，但在創傷事件後經歷嚴重心理困擾的學生可能更容易在學校環境中遇到更嚴重的問題，最終導致中輟（Porche et al., 2011）。此外，在支持不足或缺乏支持的情況下，有學習困境、學業成績低、情緒障礙和逃學行為的學生更有可能中輟（Hammond et al., 2007）。學校可能無法消除長期的環境性和系統性的壓力源與暴力，但必須避免錯誤地標籤化或忽視創傷事件對學生的影響。在許多情況下，經歷創傷事件的學生所展現的外顯行為，可能被標籤化為注意力缺陷障礙、對立違抗障礙和品行障礙（Fuller-Thomson et al., 2014; Villalta et al., 2018），例如學生出現與創傷相關的情緒調節和注意力集中困難的行為，通常會被教師解釋為破壞性的課堂行為，並透過班規或校規加以處分，這意味著與創傷相關的潛在問題可能永遠無法獲得解決（Perry, 2009），如此一來可能會導致學生、教師與輔導諮商專業人員的挫敗感。學校輔導諮商專業人員需要辨識遭受創傷事件影響的學生，並對教師及學校人員進行創傷知情的心衛推廣，以提供教師與學生所需的支持和資源。

三、經濟不利與貧窮

Battle 與 Scott（2000）的研究結果顯示，學生的健康發展和學業成就深受其家庭獲得經濟資源的可及性和可用性的影響。處在經濟不利與貧窮處境的家庭，其系統中的動力會充滿許多劣勢並增加家庭的壓力，這些施加在家庭的壓力，會導致學生的學業成績不佳（Dorsey et al., 2007; Strayhorn, 2009）。例如因收入狀況不穩定和缺乏經濟負擔得起的房子，只能居住在犯罪風險高的社區，家長的工時長、因應策略和資源較少，都會影響他們對孩子的監督、指導和適當溝通的能力。研究發現在經濟不利家庭中長大，並生活在高度貧困社區的學生，在進入國小就讀時，有助於學習的先備經驗是比較薄弱或缺乏的。家長為了賺取足以因應日常開銷的收入而必須長時間工作，學生在放學後受到較少的監督，因此有更多的風險接觸毒品、幫派文化與犯罪行為。當家長不在時，兒童與青少年通常會尋求同儕的支持，透過在同儕社群中建立友誼來管理他們的社會需求和支持（Chester et al., 2007; Sheely & Bratton, 2010）。由於與主要照顧者的互動有限以及社區中負面同儕團體的影響，生活在社會經濟地位較低社區中的學生，會面臨更大的學業成績不佳的風險。

四、男性氣概與自我妨礙的因應機制

依據教育部統計資料顯示，107 學年度國小中輟人數，男性有 207 位，女性有 148 位；國中中輟人數，男性有 1,599 位，女性有 1,183 位。108 學年度國小中輟人數，男性有 183 位，女性有 162 位；國中中輟人數，男性有 1,507 位，女性有 1,234 位。109 學年度國小中輟人數男性有 166 位，女性有 130 位；國中中輟人數，男性有 1,264 位，女性有 1,018 位（教育部，2022），顯示不管在國小階段抑或是

國中階段，男學生中輟的風險都高於女學生。Phillips（2005）以男性氣概性別刻板印象進行的研究發現有助於理解此種現象，男性氣概（masculinity）是「一種基於主流的狹義概念，它被建構為強大、強壯、身體健全、成功、值得尊重和控制」（p. 220），男性氣概會影響男學生的思想和行為，由於傳統的男性行為觀點和學校對男性氣概的態度，這可能會對男學生的學習成就產生負面影響。舉例來說，長久以來受到男性氣概主流文化影響之下，男孩被教導要堅強，不要哭，不能表現出軟弱的樣子，導致男學生內化負面的情緒，出現錯誤的自尊感和虛張聲勢，進而影響心理健康。這種外在的虛張聲勢讓男生看起來自信而堅強，但在內心，他們卻可能會感到自我價值感與自我效能感低落。當自信和力量被虛張聲勢或以自我為中心的思維所掩蓋時，男學生會進一步面臨自尊和成就問題。由於社會建構的男子氣概觀念，男學生傾向於將尋求他人幫助與女性特質加以連結，這可能會造成學習上的進一步受限（Jackson & Dempster, 2009; Pollack, 2006）。

對男子氣概的傳統觀念也導致某些男學生出現所謂的「不費吹灰之力的成就」（effortless achievement）或中輟的現象，這種現象在文獻中稱之為「自我妨礙」（self-handicapping）（Jackson & Dempster, 2009）。像「不費吹灰之力的成就」這樣的自我妨礙是學生為了保護自己的自我價值而輕視學習或特定課程所使用的一種策略，這會導致學生的學校參與度愈來愈低以及學習低成就。學生對於學習低成就會歸因於他們沒有付出努力，而不是因為缺乏能力。短時間來看，自我妨礙可以保護學生的男子氣概、自我意識和自我價值感（Jackson & Dempster, 2009），但自我妨礙是一種消極的因應機制，學生可能藉由不嘗試來保護他們脆弱的自我，青少年男性是否習得這些消極策略，取決於他們的生活系統對他們參與學校和學業成就的支持內涵。

五、學校缺乏多元文化意識和接受度

　　當學生是多元文化背景的人口群，進入學校體系必須適應一套主流人口群的規則時，壓迫就會變得顯而易見。Kupchick 與 Ellis（2008）在他們的研究中以再製理論進行論述，認為學校是由資本主義市場的需求所塑造而成的，該理論認為學校複製了目前社會中存在的階級和不平等，而多元文化背景學生必須在學校學習如何遵守不存在於他們社區或家中的一套新規則，新的班級和學校規則可能會造成挫敗感和文化失調（Sue & Sue, 2013）。適應這套新規則的歷程與經驗，可能會導致多元文化背景學生對學校系統感到厭倦並進行反抗，因為與主流人口群的同儕相比，這些學生會覺得自己受到了不公平的對待。多元文化背景學生可能會發現自己被學校疏遠或拒絕，因為與主流人口群的學生相比，他們認為權威人士對待他們的方式和要求的紀律不公平，這會進一步降低多元文化背景學生參與學校學習活動的動機，也加劇了輟學的風險。學校教職員和輔導諮商專業人員需要意識到這種文化差異，並制定涵容所有經濟、語言和文化背景學生的學校規則，以促進學校內所有學生的歸屬感和參與度。當教育者未能透過提供多樣化的學習機會來涵容所有學生時，學校環境中就會出現學生學業學習的問題，van den Bergh 等人（2010）認為需要將學習方式與具有文化敏感性的課程相媒合，以在課堂上創造參與度。若沒有創造文化回應性課程時，多元文化背景學生可能會出現缺乏參與和認同掙扎的困難（Wyatt, 2009）。

　　此外，教育工作者可能對多元文化背景學生持有隱性偏見，這種沒有覺察的偏見會使不同文化背景學生的學習成就差距永久存在（van den Bergh et al., 2010）。許多主流文化的教育者往往沒有覺察他們自己的特權，「特權」被定義為個人從社會中獲得的隱性和顯性

優勢,與多元文化背景的人相比較,特權創造了一種權力和地位不平等的假性平衡(Stewart et al., 2012)。當教師與學校輔導諮商專業人員僅從單一文化主義者或主流群體主導的觀點進行教學時,多元文化背景學生會經驗到不被信任,他們的文化沒有得到肯認,並感覺他們不屬於主流文化,這會導致他們更容易退縮(Sue & Sue, 2013),最終會從學校系統中離開。例如宋宥賢(2017)的研究發現,中輟學生在復學過程如果遭受教師或同儕以所謂「壞學生」的刻板印象看待他,認為他復學後會破壞班級規範、帶壞同班同儕,教師讓他入班一起學習的意願低落,同儕對他的接納度不高等現象,都會影響中輟復學學生的就學動力,而有更高的風險再度中輟。

單一文化主義在學校會造成問題的原因在於它迫使多元文化背景學生同化於主流文化,由於多元文化背景學生自己的文化被忽視,就會經歷與文化認同、自尊、與教育者缺乏連結,以及如何投入學校參與行為等相關的掙扎。van den Bergh 等人(2010)建議為教職員舉辦工作坊,將特權的議題檯面化,並進行討論,努力讓教師意識到他們對多元文化背景學生是否存有隱性的偏見。

肆、輔導諮商處遇的原則與策略

現今許多回應中輟議題的輔導諮商方案有一個很明顯的限制,就是這些方案僅聚焦在減少負面行為,缺乏形塑與強化學生正向行為以及生態系統支持的內容。就如 Christenson 等人(2001)直言學生待在學校期滿得以畢業,跟學生在學期間投入學習,裝備了後續就業或建立滿意生活所需的能力,是兩件不同的事。許多中輟輔導諮商方案狹隘地聚焦在降低缺席率,但沒有任何證據顯示改變了這些,就能夠

降低中輟率。相反的，以生態系統觀為基礎協助學生積極投入學習的輔導諮商方案，能長時間持續性地執行，也會為每個學生進行個別化規劃，並且是建立在學生生活中有助於成功學習的因素之上，這些因素包括期待學生可以完成學位、促進回家作業的完成度、教導正向的行為技巧、鼓勵家長提供支持以激發學生的學習動機等。

透過生態系統理論來理解處在輟學風險中的學生，教師和學校輔導諮商專業人員能夠從整體角度看待問題並確定系統中需要介入處理的特定因素。相關文獻顯示，有助於學生成功投入學習的生態系統具備幾項特徵：第一是學生與教師和同學的關係有正向連結，感受到學校與班級是一個具關照與支持性的社群；第二是學生知覺自己的能力並且預期在學校有成功的表現，進而展現出趨向成功的行為；第三是學生展現出自主性；第四是家長具有滋養性，學生能與至少一位照顧者發展緊密的連結（Doll et al., 2012）。

一、以系統性處遇回應中輟議題

相關研究建議中輟輔導諮商方案要採取多元系統與整合性的服務取向，系統性處遇可以增加學生的學校參與度，進而提升完成學業的機會（Jozefowicz-Simbeni, 2008; Ziomek-Daigle, 2010）。系統性處遇的內涵可能會因每個學生中輟和脫離學校過程的嚴重程度而有所不同，包括學校、家庭和社區都需要有實際作為，這些實際作為可以團隊的形式加以運作與落實。

（一）納入家庭

在討論學生的學業成就，尤其學生為多元文化背景人口群時，家長的參與是一個關鍵因素（Sheely & Bratton, 2010）。Smith 等人（2009）提醒教師與輔導諮商專業人員，要打破長期以來認為來自低

社會經濟地位的家長不關注孩子學業成就這一個迷思，相反的，他認為這些家長非常關注孩子的學業成就，只是他們傳達此訊息的方法與中上階級家庭家長的方法是不同的。當家庭一起參與、努力降低可能引發中輟的風險因子時，家長會變得積極主動並監督孩子的家庭作業，以確保他們的孩子有完成作業，從而使孩子獲得學習成就，這會讓有中輟風險的學生完成學業的可能性增加。

　　許多來自較低社會經濟地位背景的家長經常從事兩份工作或上夜班，因而無法參加學校於日間舉辦的會議或活動，Orrock 與 Clark（2018）表示，當家庭觀察到學校教師與輔導諮商專業人員能了解他們的家庭文化，進而提供外展服務時，他們會更願意參與及合作。家長們也表示，當學校人員到家庭居住地的活動中心或宗教場所與他們會面或進行家訪時，他們會感到被學校認可，因為學校教師與輔導諮商專業人員的外展工作方式向他們傳達了尊重與理解，而非要求他們配合主流人口群的生活模式。另一項促進家庭參與的做法是為所有家長創造一個溫馨與歡迎的環境，讓多元文化背景家長和家庭感到受歡迎的方式，包括將與學校相關的文書資料翻譯成家庭慣用的語言。此外，文書資料使用的語言要更具涵容性，例如使用「家長姓名」來取代「母親的名字」和「父親的名字」，是與家庭產生連結的另一種方式。上述這些都反映文化同理心的重要性，學校輔導諮商專業人員要以同理心能力為基礎，進一步敏覺和理解學生與其家人傳達的訊息中所蘊含的文化意涵，因此文化同理心可說是輔導諮商專業人員重要的能力之一。儘管在開始階段可能很難確保家庭會願意參與，而且這種外展工作始終具有挑戰性，然而一旦指標性家庭參與了，就具有示範效果，其他家庭也會了解並開始尋求學校的支持以及與學校合作。學校輔導諮商專業人員需肯認那些願意與學校工作人員保持溝通的學生家長，反映的是他們在孩子教育方面採取實際行動，與教師一起分擔

責任、共同合作。

（二）納入教師與同儕

當教師以直接鼓勵與促進學生參與課堂學習作為班級經營的策略時，會讓學生感受到自己是課程中重要的一部分，學習的信心和參與度會提升，最終會提高學業自我效能與學業能力（Uwah et al., 2008）。Chester 等人（2007）認為當學生能夠與同儕建立健康和積極的關係時，會增加他們的社會支持和歸屬感，從而提高有助於學習的保護因子。因此學校輔導諮商專業人員需要協助學生建立學校導向同儕社交網絡，幫助他們從與同儕互動的過程中獲得持續性的學業和社會支持。

（三）納入社區

Orrock 與 Clark（2018）認為，讓社區一起參與的第一步是要提高社區民眾對中輟這一社會問題的認識，因為它會影響到社區中的每個公民。邀請社區一起合作的具體做法是透過外展提供各縣市地方和全國的輟學率／畢業率、這些輟學率／畢業率如何廣泛地影響社區中的每個人，以及社區機構能夠一起參與的可行策略等資訊給社區組織、企業等。最常見的社區合作方式是一些企業會選擇透過捐款贊助的方式來參與，這些捐款贊助有助於學校購買獎勵品來鼓勵學生的出席率和家長參與學校活動的意願，或是為學生創造發展專長的培訓機會，例如贊助經費協助學校籌組球隊、開設多元技能課程。

卡內基基金會在美國進行的一項調查研究發現，青少年犯罪的高峰時間是在放學後到下午六點之間，因為在這段期間學生缺乏積極的榜樣又無人監督，將會增加他們參與犯罪、幫派和毒品相關活動的風險；依據這個調查結果，卡內基基金會進行為青少年提供課後活動

的倡議（Woodland, 2008）。卡內基基金會提出了三個課後活動的模式，包括課外活動模式、輔導模式以及成年儀式模式。

1. **課外活動模式**：課外活動模式讓學生接觸到許多活動，如體育、藝術、手工藝、技術、輔導和有監督的自由遊戲。

2. **輔導模式**：輔導模式的運作類似於課外活動模式，但非常強調成人與學生的關係，藉由成人導師和學生之間的緊密關係，來作為促進青少年社會和情感發展以及學業成功的關鍵因素（Choi & Lemberger, 2010; Gordon et al., 2009; Strayhorn, 2009）。這種模式對於家庭來說非常實用，因為在家長忙於工作或家務時，它為學生提供了一個安全的出口，可以在放學後討論他們的情緒、行為和學業。

3. **成年儀式模式**：成年儀式模式則是聚焦於幫助學生成功地從一個階段過渡到下一個階段，這個模式包括三個原則：（1）提供以多元文化背景青少年為中心的課程和體驗；（2）鼓勵多元文化背景的青少年在主流文化脈絡中建立認同的同時，接受自己的原生文化、價值觀和理想；（3）將男孩轉變為成年男子（Gordon et al., 2009; Woodland, 2008）。成年儀式模式此方案的活動內容包括進行批判性討論和文化性的活動，這些活動涉及歷史、公民服務、社區外展、社區性演講以及與戶外相關的活動。參加成年儀式模式方案的學生會有一位長者來擔任他的導師，這位長者會成為學生與其家庭中不可或缺的一部分。

（四）多元機構的合作

學校教師與輔導諮商專業人員應該具有文化意識和敏感性，能夠辨識有需求的學生和家庭，並將其轉介給社區服務機構，以協助學

生在校外能獲得他們需要的支持。相關研究發現，當為多元文化背景學生提供適當的支持以滿足他們的生理和心理需求時，這些學生就能更專注地投入課程學習與學校活動（Chester et al., 2007; Strayhorn, 2009）。Ziomek-Daigle（2010）提出畢業團隊的概念，運用畢業團隊來為學生創造支持系統，將具有影響力的人帶入學生的生態系統中，合作的目標是引導學生進行學校參與，往畢業的發展路徑前進，並辨識與解決會阻礙達成這一個目標的任何情況。該團隊可以由學校輔導諮商專業人員、老師、家庭成員和社區成員組成。團隊成員會以個別或小組的形式與學生進行互動，總共維持九週。

二、以創傷知情處遇回應中輟議題

Rumsey 與 Milsom（2019）則是提出以創傷知情來回應學生中輟議題的學校輔導諮商處遇，包括系統性處遇、目標性學校諮商處遇以及合作夥伴關係，說明如下。

（一）系統性處遇

學校輔導諮商專業人員必須了解協助學校成為創傷知情導向組織的主要原則，根據美國物質成癮和心理健康服務部（Substance Abuse and Mental Health Services Administration, 2014）的定義，創傷知情導向的組織是一個每個人都能：（1）了解創傷是什麼以及它如何影響人們；（2）辨識創傷的特徵和症狀；（3）透過實施創傷知情政策、程序和做法來因應；（4）力求對抗會對個人造成再創傷的組織。此外，與學齡學生特別相關的關鍵原則包括：促進安全感、認識到家庭的重要性、促進學生賦能和自我倡導，以及回應文化需求。美國全國中輟防治中心（National Dropout Prevention Center, NDPC）特別關注學校的環境，因而制定了創傷技能學校模式（Trauma-Skilled Schools

Model），該模式描述「指導所有人員和學校獲取知識、提供支持和掌握技能，成為一個有凝聚力的單位，以為受創傷影響的學生培養成功的成果」（Gailer et al., 2018, p. 17）。此模式聚焦於發展學校工作人員的創傷知識、建立一個培養學生復原力的系統，以及獲得因應創傷的技能這三個核心部分。具體做法為：

1. **領導教職員發展**：學校輔導諮商專業人員可以在協調和提供專業發展與持續性的創傷相關培訓方面發揮領導作用，教職員的專業知能對於確保能在全校範圍內實施創傷知情處遇至關重要，因此所有教職員都需要了解創傷是什麼、它有哪些樣態，以及它如何影響學生和其家庭（Cole et al., 2013），教職員也需要培養與經歷過創傷的學生進行有效互動的基本技能（Gailer et al., 2018）。為了幫助教職員能透過創傷知情的視框促進學生的學校參與，學校輔導諮商專業人員可以規劃年度教職員工培訓，以利教職員辨識和因應相關的創傷跡象與症狀。了解創傷對學業、情緒和行為的影響以及中輟的警告訊號，將有助於辨識可能需要額外支持以因應創傷經歷的學生（Davis et al., 2013）。

2. **倡導創傷知情政策**：在確保教職員了解創傷知識的同時，學校輔導諮商專業人員還可以倡導學校要實施創傷知情的政策與程序，為遭受創傷的學生和家庭提供安全及支持的環境。具體而言，學校相關的紀律政策應確保受創傷影響的學生得到支持，而不是因與該創傷相關的行為而受到懲罰，學校教職員必須評估學生表現出來的問題行為可能是遭受創傷的結果（van der Kolk, 2015），並思考解決問題行為的替代方法。Bornstein（2013）提供了一個例子，說明學校如何成功實施支持性而非紀律性的方法來處理學生的不當行為。在美國麻州布羅克頓（Brockton）學區，學校教

職員一起合作為出現情緒管理困難的學生提供支持性選擇，包括允許他們進行短時間的散步或聽音樂，他們還透過提供明確的指示和期望，意圖性地提供幫助以減少學生在校園中進行環境轉換的相關潛在壓力（例如學科教室的轉換），這些類型的創傷知情程序是學校如何培養學生復原力的例子。憑藉心理輔導與諮商的專業知識，學校輔導諮商專業人員是制定此類政策和程序的倡導者與領導者，一開始可以辨識出可能反映創傷的常見行為，後續接著與學校管理人員或領導團隊合作，他們可以起草政策，包括解決這些行為的非懲罰性選項，此外，學校輔導諮商專業人員可以示範檢核學校氛圍的做法，以建立支持和安全的環境。

（二）目標性學校諮商處遇

透過直接和間接服務，學校輔導諮商專業人員可以提供目標性的處遇介入，解決學生的學校參與和畢業問題。Rumsey 與 Milsom（2019）認為輔導諮商專業人員與學校教職員合作實施三級處遇措施，可以幫助學生發展知識和技能，以因應或克服各種創傷症狀。

1. **第一級**：學校輔導諮商專業人員可以透過輔導課程提供第一級處遇，也可以透過全校性的活動，與其他教職員一起合作提供第一級處遇。考慮到創傷對學生學習、行為和情緒健康的影響，第一級處遇應聚焦於幫助學生發展知識和技能以克服相關挑戰，例如因應與管理壓力和自我調節知能，對於表現出創傷行為的學生很重要，因此輔導諮商專業人員可以組織規劃相關的課程。

2. **第二級**：學校輔導諮商專業人員應了解第一級處遇介入可能無法滿足遭受創傷的學生其需求，因此可以實施團體輔導與諮商以改善出席率、學業、社會支持或其他已辨識出來的學校環境中的挑

戰，團體輔導諮商的內容可以包括心理教育、放鬆訓練、社會問題解決和認知重構。

3. **第三級**：表現出許多創傷症狀和中輟風險因素的學生可能需要對學業和行為問題進行更深入與密集的個別化支持，對於那些在第一級和第二級處遇介入沒有正向效果的人，可能須進一步進行個別諮商、一對一指導或轉介到校外機構以獲得更密集的服務。學校輔導諮商專業人員可以在第三級處遇擔任更具諮詢性或促進性的角色，例如他們可以承擔促進與家庭有效溝通、邀請家庭參與的關鍵角色。

（三）合作夥伴關係

　　學校輔導諮商專業人員與家庭和社區組織的合作夥伴關係有助於確保學生在校外獲得支持和資源，因此學校輔導諮商專業人員應催化學校能與家庭和社區合作，以促進學生的學校參與。有鑑於家庭的影響以及社會經濟地位與中輟之間的相關性（Oymak, 2018; Stark & Noel, 2015），學校輔導諮商專業人員必須找到與家庭合作的方法。Rumsey 與 Milsom（2019）以 Epstein 與 Van Voorhis（2010）所提出的六種讓合作夥伴參與的方法為架構，進一步說明學校與家庭的具體合作內容。

1. **親職**：這種類型的參與是指幫助家庭獲得知識以了解常見的發展挑戰，以及如何支持他們的孩子度過這些挑戰。學校輔導諮商專業人員可能會與社區心理健康組織合作編寫小冊子或召開座談會，以教育家長了解創傷的類型、孩子或他們自己的創傷特徵和症狀，以及如何尋求支持。有了這些資訊，家長可能會開始思考他的孩子所出現攻擊性的行為是否與創傷事件有關，並且他會知

道可以在學校或社區的哪些單位尋求支持，透過早期介入，以提高學生投入學校學習活動的機會。

2. **溝通**：確定何時以及如何實施和促進學校與家庭之間的雙向溝通是此類參與的重點。學校輔導諮商專業人員可以透過制定一個時間表來鼓勵學校教職員和家庭之間定期溝通，他們甚至可能與社區組織合作，在比學校更方便或對家庭更方便的地點舉行這些會議。也要了解並非所有家庭都可以使用網際網路或手機，而且語言可能會成為家庭獲取資訊的障礙，輔導諮商專業人員可以與社區合作夥伴策略性地合作，透過多種來源和多種語言來傳播資訊。

3. **志願服務**：對於這種類型的參與，學校努力招募家庭和社區志願者來支持各種活動，學校輔導諮商專業人員可以將這種類型作為支持第二級和第三級創傷知情處遇的一種方式，在招募志工時要納入多元化考量，因此要招募來自不同文化背景並具有不同技能和知識的個人。

4. **在家學習**：這種類型的參與是指協助家庭獲得相關知識，以幫助並支持學生在家中的學習活動。

5. **做決策**：此類參與的目的是讓不同的家庭成員參與學校委員會，並就重要的學校決策徵求家庭的意見。學校輔導諮商專業人員可以尋求家庭的意見，同時也幫助他們了解學校政策和程序是如何制定的，並且探索替代性紀律懲處的可行政策，這是創傷知情導向學校的重要因素。透過意圖性地從不同的家庭中招募委員會成員，來自家庭的意見將有助於確保學校制定具有文化敏感性的政策和程序。

6. **與社群合作**：學校輔導諮商專業人員熟悉可以支持學生及其家庭的社區資源，同時與社區組織合作以造福更大的社群，學校輔導

諮商專業人員與可以提供專業知識或幫助的社區專業人士和組織建立夥伴關係。

伍、結語

　　生態系統理論與多元文化觀點提供了一個視框來理解中輟的軌跡，這些軌跡內涵呈現了系統間的交互作用，而這些交互作用是可改變的，並且如果可以及早辨識與介入，就能產生更多深刻的影響。中輟的相關研究從三方面來幫助我們理解學生展現學校參與行為的生態內涵：（1）早期的學習失敗經驗與後續的輟學機率有高度關聯，因此，應努力強化學生生態系統對學生學習的支持，這件事必須在學齡階段的相當早期就開始進行。（2）家庭與社區中的逆境與學生最終做出的中輟決定兩者間有顯著的關聯性，證明了學生的學習經驗受到多重因素的影響。因此，學校輔導諮商專業人員須介入以協助家庭與社區處理這些逆境，強化學生的社會與情緒健康，進而減緩學生中輟的風險。（3）學生的中輟與其社會、情緒與心理能力的受損有關，再次強調學校參與的多維向度與整體觀的重要性。因此以體現文化同理心的策略來促進學生社會與情感能力的輔導諮商方案，對於預防學生中輟與提高學習成就具有實質上的影響力。

　　總言之，輟學率的下降可能不僅是學生個人學習動機增加的結果，也是整個系統一起動員支持學生的結果。

Chapter 7 | 模糊性失落

當經歷失落事件時，為了讓個人再次積極地參與自己的生活，進行悲傷輔導諮商是必要的。失去重要他人的學生需要完成四項任務，包括：接受失落、經歷痛苦和複雜的情緒感受、適應沒有重要他人的生活，以及想辦法在日常生活中紀念重要他人（Corr, 2010）。為了完成這些任務，學生會需要獲得足夠的資訊、保證、肯認、積極傾聽和成人楷模，協助他們建設性地和適當地展現悲傷和哀悼行為，而學校輔導諮商專業人員在此過程中扮演關鍵的角色。

貳、模糊性失落的內涵

模糊性失落（ambiguous loss）可以定義為可能無法確認的失落，依據 Betz 與 Thorngren（2006）的說法，模糊性失落是指「家庭在生理或心理上經歷不像死亡等傳統失落那樣具體或可辨識的失落」（p. 359）。換言之，模糊性失落是一種仍然不清楚且沒有解決方案的失落，因為失落持續存在，所以它無法結束或終結。模糊性失落有兩種類型，第一種是身體上的，亦即所愛之人生理上不在，但心在，

是一種無法確認所愛之人下落或生死不明的狀態，在這種無法確定的脈絡下，個人仍抱持著所愛之人會回來的希望。第二種模糊性失落是心理上的，亦即所愛之人身體上存在但心理上卻不在，例如失智、失憶、腦部損傷等（Boss, 2010; Boss & Yeats, 2014; Guidry et al., 2013）。

　　模糊性失落和死亡的差異在於模糊性失落缺乏明確的訊息和確定性，導致後續生活的改變或轉變無法順利進行，也因此模糊性失落往往會造成複雜性悲傷，因為失去所愛之人的人其悲傷不可能得到解決。悲傷之所以複雜，是因為脈絡情境模糊，而不是因為悲痛者的個人特質。雖然死亡也有一定程度的模糊性，但模糊性失落的模糊程度更高，以至於它可能使人們動彈不得，他們的悲傷被凍結了（Boss & Yeats, 2014）。Doka（1989）提出「被剝奪權利的悲傷」（disenfranchised grief）一詞，它被定義為「人們在遭受未被承認或無法公開承認、公開哀悼或社會支持的失落時所經歷的悲傷」（p. 86）。模糊性失落引發的悲傷經常是一種被剝奪權利的悲傷，原因在於當沒有人死亡，或者沒有死亡的證明時，社會似乎剝奪了哀悼者長期悲傷的權利，這種悲傷並沒有被公開禁止，但很少能被輕易地允許，可能的原因是社會大眾根本不知道如何辨識和因應非死亡的失落。

　　模糊性失落也是創傷性的，因為它是令人痛苦、無法動彈、難以理解的，以至於無法因應。它類似於導致創傷後壓力症候群（PTSD）的創傷，因為它是一種遠遠超出正常人類預期的痛苦經驗，但與 PTSD 不同的是，模糊性失落帶來的創傷是存在於現在，也就是說，模糊性失落的創傷經驗通常會持續數年、終生，甚至跨越好幾個世代。因為沒有社會或宗教儀式來處理這種失落，人們被困在一個什麼資訊都沒有的困境，也因此沒有常見的支持資源來進行哀悼和

繼續他們的生活（Boss, 2010）。因為缺乏明確性會阻礙一個人悲傷的意願和歷程，所以了解學生的失落類型（明確的或模糊的）有助於輔導諮商專業人員擬定他們的處遇計畫。

參、模糊性失落對學生的影響

當經歷模糊性失落時，不確定性和未知可能會導致個人感到困惑、矛盾或失控，這些都是伴隨悲傷而來的典型與正常的情緒反應。然而，模糊性失落的循環是永無止境，很少有結束的一天，因此會使悲傷的過程感覺更長（Betz & Thorngren, 2006）。

一、整體性的影響

Boss 與 Yeats（2014）認為模糊性失落對人們造成的影響可分為三大層面：停滯不前、關係疏離，以及心理症狀。

（一）停滯不前

模糊性失落會增加人們的焦慮和矛盾心理，從而影響家庭成員進行有效溝通的能力，家庭成員做決策的過程會變得混亂，他們的悲傷會被凍結，因應能力會被阻礙，因而出現停滯不前的狀態，直到他們能夠找到某種意義和希望。

（二）關係疏離

由於缺乏導致模糊性失落事件相關的資訊，家庭成員經常對情況有不同的看法，進而引發衝突，甚至讓家庭成員的關係出現裂痕，並逐漸疏遠。一個家庭系統如果有能力允許成員們以不同的方式看待引

發模糊性失落的事件,將有助於減少模糊性失落帶來的負面影響。輔導諮商專業人員的處遇目標不是鼓勵每個人都以同樣的方式來看待事情,而是致力於澄清家庭角色和規則,以及目前家庭成員的關係界限,並調整家庭傳統和儀式,協助家庭成員在因應模糊性失落的壓力和悲傷時不會取消它們。

(三)心理症狀

遭遇模糊性失落時,個人可能會出現憂鬱、焦慮、創傷、矛盾、內疚、無助、與壓力有關的疾病、藥物濫用以及對自己或他人的人際暴力。辨識和介入處理這些症狀,可以幫助個人減少因模糊性失落而經歷的孤立和疏離。

二、特定類型的影響

學生經常會經歷一些成年人可能無法主動辨識的模糊性失落,由於學生的悲傷也許得不到社會支持或認可,或學生自己可能認為悲傷是不合理的,為了試圖讓生活繼續前進而不讓自己悲傷(Betz & Thorngren, 2006)。在許多時候經歷模糊性失落的學生會感到困惑、害怕、擔心、悲傷或許多複雜情緒同時出現,而家人或老師很少或根本沒有認可或支持他們的這些反應。經歷模糊性失落的學生也可能對他們的未來感到不確定,無法將失落概念化,或者可能感到孤立無援(Guidry et al., 2013)。這些複雜的情緒可能會阻礙甚至封鎖了學生完成悲傷任務的能力,進而導致他們在往後的生活中遭遇困難。由於模糊性失落事件與對象不同,學生面對模糊性失落的反應與受到的影響也會有所差異,說明如下。

（一）手足過世

失去手足的學生如果沒有獲得與手足過世的相關資訊，則容易在失去家庭角色與關係，以及擔心可能也會失去家長的情況下而出現模糊性失落。根據 Schwab（1997）的說法，當手足去世時，倖存的孩子不僅必須繼續處理他們自己的悲傷，同時也必須面對「他們無法控制的環境變化」（p. 259），亦即當孩子失去手足而家庭成員沒有對這件事情進行說明與對話時，留下來的孩子將只能憑藉自己的想像來理解手足過世與消化隨之而來的複雜感受，而依據孩子的發展階段，他可能會對手足過世這件事感到自責、困惑或恐懼。

（二）家人行蹤不明或長期性的缺席

這種悲傷經驗是因為家庭成員失蹤或長期在生活中缺席，在這種類型的失落中，該家庭成員是身體上不存在，但心理上存在。學生的家庭成員在外地工作、手足離家出走、家長分居或離婚並搬走，都會讓學生經歷這種類型的模糊性失落。

對於因離婚或分居而失去家長的學生來說，雖然知道家長在某個地方，但也許認為家長不再關心自己，而這可能會影響學生的自尊和未來關係的發展。這種類型的失落會導致學生出現混亂、內疚、責備和其他困難的情緒，甚至是自我毀滅的行為。當學生被期望與留下來的家長一起展開新的生活方式並且要適應此種變化時，他們可能會覺得自己沒有理由為失去其中一位家長或家庭的變化而感到悲傷。雖然對家長雙方都可能存在忠誠感，但當被迫選擇其中一方時，學生或許會對另一方家長感到內疚。不管家長離婚對孩子和家庭造成的創傷程度為何，學生都可能會因為失去關係、失去家裡的人或失去情感連結而感到悲傷（Aymer, 2010; Guidry et al., 2013）。

　　家庭成員失蹤的情況，會使悲傷的過程更加複雜化，因為如果沒有身體的實際存在，就無法確認失落的事實（Boss, 2002）。這種現象在許多災難事件中得到了體現，例如台灣的 921 震災、莫拉克風災，日本 311 震災、美國 911 恐怖攻擊事件等，如此多的家庭無法確認親人是生是死，這對於任何遭受失落的人來說，都是令人感到困惑的事。對學生和其家庭成員來說，首要任務是接受失落的事實，但缺乏親人死亡的證據，可能導致學生與其家人需要更多時間來處理困惑與接受失落（Boss, 2002）。這種類型的失落也可能讓家人在生活中不再談起與失蹤親人有關的事，學生生活在對失蹤親人的事件保密和沉默的世界中，可能會變得困惑且不知所措，進而可能會感到焦慮和憂鬱，家人失蹤的模糊性失落會對幾世代的家人產生揮之不去的影響（Guidry et al., 2013）。

（三）家人被監禁

　　一般而言，社會大眾會認為被監禁對違反法律的人來說是一種罪有應得的結果，因此家長被監禁的學生其悲傷可能不會獲得他人的支持或認可（Brown & Coker, 2019）。Bockneck 等人（2009）認為由於社會汙名化的壓力，家庭成員對家人被監禁的事通常都是採取保密與沉默的態度，如此會導致學生缺乏足夠的資訊，進而可能會出現模糊性失落。家人被監禁的學生會表現出各種干擾行為、內疚和憤怒的感覺，加上由於社會對監禁的汙名而與同儕疏遠，許多學生也會出現創傷後壓力症候群的現象。此外，被監禁的家人也可能會鼓勵學生以減少和外界接觸的方式來過生活，這都會限制學生建立社會關係的需求或能力。

　　家長被監禁也會導致家庭財務困難的風險增加（Geller et al., 2012），因此，此類型的模糊性失落對家庭穩定和生活狀況會造成漣

漪效應。隨著這些家庭變化，青少年也許被迫搬家或停止課外活動，或者可能需要承擔更多的家庭責任，例如額外的家務或照顧年幼的弟妹（Johnson & Easterling, 2015）。這些因模糊性失落而產生的後續影響都是青少年無法控制的，因此面對這些不確定性和不穩定性，他們可能會感到無助。

（四）寄養／安置

Lee 與 Whiting（2007）認為對於兒童和青少年來說，因寄養或安置而出現強烈的憤怒情緒是常見的，而且他們的憤怒對象可能是家長以外的人，包括陌生人。這種憤怒情緒的表達可能與模糊性失落而引發的未解決的悲傷有關，也可能與無能為力感的經驗有關。寄養／安置的過程或許會讓兒童與青少年的自尊受損，為了維護自尊，兒童與青少年會出現特有的因應策略，例如在外顯行為方面，兒童與青少年可能會透過攻擊具決策權的權威者、霸凌同儕、誇大其辭、在情感和物質方面都表現出不需要他人，以試圖對生活重新獲得掌握感和勝任感。在內隱方面，兒童與青少年可能會認為，如果他們表現得更受人喜愛，他們的家長就不會像以前那樣對待他們，他們也就不會繼續被寄養／安置。

（五）傳染性疾病與疫情

2020 年開始全球大流行的新冠肺炎（COVID-19）疫情讓世界各國的人們在封鎖、隔離、暫停實體課程／工作的政策下，必須嘗試解決與親人分隔兩地，同時保持情感連結的問題。有些人可能會因焦慮而停滯不前，因失去自主權而不知所措，有些人面臨著在住家外沒有安全感的困境，也有些人表示他們的人際連結價值已被破壞。COVID-19 疫情導致的模糊性失落是家庭關係、工作關係與同

僑關係的連續性喪失了（Galea et al., 2020; Leone, 2021），亦即在 COVID-19 疫情大流行期間，大多數人在努力保持情感連結的同時卻無法與親人接觸，當親人生理缺席，但心理上在，然而又無法確定他們的健康狀況和未來時，個人就會經歷模糊性失落（Golish & Powell, 2003; Solheim et al., 2016）。

在 COVID-19 疫情影響的情境中，學生出現的各種行為和症狀（如失眠、憂鬱），這些都顯示他們正在經歷長期的不確定性、無助和缺乏控制感（Betsch et al., 2020; Zhang et al., 2020）。疫情帶來的影響具有模糊性失落的典型特徵，例如學生的心理狀態會在喜悅與悲傷、承認與否認、控制與不確定之間移動（Golish & Powell, 2003），學生也會出現無法控制自己和親人安全的焦慮感受，對已規劃好的未來失去控制感，例如與升學相關的比賽或甄試規劃被迫取消，而關於如何哀悼這些失去的願景，也是存在著不確定性（Galea et al., 2020; Swartz, 2020）。

整體而言，模糊性失落會導致人們的思考、感受和行動出現下列特徵（Boss, 2006）：

1. 凍結（未解決）的悲傷，包括憤怒和無法繼續前進。
2. 困惑、痛苦和矛盾心理。
3. 不確定性導致停滯不前。
4. 受阻的因應歷程。
5. 無助的經驗，因此出現憂鬱、焦慮和人際關係衝突。
6. 以固著的方式回應，例如否認改變或失落、否認事實。
7. 家庭角色的僵化（堅持失去的親人會像以前一樣回來）；對失去的親人被排除在外感到憤怒。
8. 界限和角色的混淆。
9. 當放棄希望時會出現內疚。
10. 拒絕談論個人的情況。

肆、輔導諮商專業人員支持與協助學生的原則

　　負責支持和協助正在經歷模糊性失落學生的學校輔導諮商專業人員，必須認識與理解不同形式的模糊性失落，當學生在學校表現出困難時，無論是在社交上還是學業上，都可能有一些原因是來自於他正在經歷模糊性失落。此外，由於家庭成員無法或不願意承認悲傷，或者由於家庭成員要求對失落事件保密，學生可能不會向學校輔導諮商專業人員陳述模糊性失落（Betz & Thorngren, 2006; Bockneck et al., 2009）。因此，學校輔導諮商專業人員的任務是深入了解學生表現出來的行為，並教育家長與教師了解學生的這些行為可能源於看似不相關的失落事件。

一、提升學生復原力的原則

　　Boss 與 Yeats（2014）提出六項原則來協助經歷模糊性失落的個人發展出復原力，進而得以在缺乏明確資訊的情況下繼續過生活。他們提醒這六項原則是具循環性，而不是線性前進的。

（一）尋找意義（finding meaning）

　　因為文化差異會影響意義，所以輔導諮商專業人員向學生提出的核心問題是：「這種情況對你而言意味著什麼？」以學生所說的話為基礎，強化正向意義，並努力減輕帶有報復或暴力意義內涵的強度，因為憤怒和復仇的慾望會阻礙意義創造的過程。由於模糊性失落的內涵違反了邏輯，因此讓賦予意義的過程會非常具挑戰性，此時運用雙和（both-and）思考可以協助學生從矛盾之處找到意義，例如我可以在思念失蹤的所愛之人時，同時投入於其他有意義與值得珍惜的

關係中。

（二）情緒掌握（tempering mastery）

學生常會問：「該如何放下無法控制的事情？」輔導諮商專業人員可以引導學生理解世界並不總是公平的，以幫助個人和家庭減少內疚及自責。當難以掌握或控制失落的模糊性時，輔導諮商專業人員須鼓勵個人和家庭在無助感與內部自我控制之間取得平衡，透過冥想、祈禱、正念、音樂和運動等方法，藉由這些活動可以幫助處於無能為力狀態中的個人逐漸重獲力量感與掌控感。

（三）重建認同（reconstructing identity）

重新定義關係有助於在模糊性失落後培養復原力。一般而言，當學生擁有彈性來處理關係界限、角色和規則時，將有助於他和家庭其他成員在所愛之人失蹤的情況下改變他們日常生活的運作方式。然而，人們會有保持現狀的心向，希望事情會恢復正常，因此學生很可能不會主動談論，所以輔導諮商專業人員要協助學生談論認同的改變，亦即他們是誰、他們在做什麼、他們如何看待自己。

（四）正常化矛盾感受（normalizing ambivalence）

經歷模糊性失落的學生經常被困在該如何處理矛盾感受的處境中，例如一方面因為尚未發現證據，所以會很期待家人還活著，但同時也會很生氣，因為他們感到被困住了；有時希望這一切結束，卻又為這樣的想法感到內疚。學生和家庭成員會感到憤怒（即使是對失蹤的家人），並對憤怒產生內疚感是正常的，由於缺乏明確的證據，模糊性失落導致的矛盾心理是可以理解的。將矛盾的感覺視為正常，並與他人談論這樣的感覺，會有助於學生控制矛盾心理；反之，否認這

種感覺是無濟於事的。

（五）調整依附關係（revising attachment）

模糊性失落會影響依附關係，失落的痛苦來自於失去那份親密的關係，擁有和練習雙和思考的能力，有助於學生發現新的見解和轉變對失去的那位親人的依附關係，亦即協助學生理解這段關係沒有結束，他們可以在留戀過去的同時尋求新的關係。調整依附關係意味著學生會悲痛失去誰以及連帶的事物，但同時也慶幸留下來的。阻礙依附關係調整的主要因素是學生認為一定要結束過去的那段關係。

（六）發現希望（discovering hope）

一旦學生愈習慣模糊性與不確定性，他就愈能夠想像與發現新的希望來源。輔導諮商專業人員可以鼓勵學生，在模糊性失落的痛苦中依然能夠歡笑，可行的方法是協助學生將他的能量放在協助他人不要經歷跟他們一樣的痛苦，或是與學生一起腦力激盪思考創造希望的新選擇。

二、提升輔導諮商專業人員準備度的原則

協助學生因應模糊性失落對輔導諮商專業人員而言是相當具有挑戰性的任務，因此，Guidry 等人（2013）提醒學校輔導諮商專業人員在協助學生因應模糊性失落的議題時，須遵循三項原則：

（一）覺察自身對失落的想法與感受

學校輔導諮商專業人員要能夠以自在的態度與學生談論模糊性失落經驗之前，必須覺察到自己與失落有關的議題、想法和感受，還必須有能力將自己的感受和經驗與學生的感受和經驗加以區分。如果輔

導諮商專業人員自身曾經歷模糊性失落事件，並且沒有好好地處理悲傷經驗，輔導諮商專業人員的專業效能將受到阻礙，因而無法幫助學生從悲傷中復原。此外，如果學生遭受的模糊性失落事件會引發社會汙名的反應，輔導諮商專業人員還必須覺察他們對這個失落事件的想法，以及這些想法中的哪些內容其實也反映著社會汙名。因為一旦輔導諮商專業人員在協助學生的過程中複製與強化社會汙名，不論是有意或無意，都會對學生帶來二次傷害。

（二）與學生建立信任及有意義的關係

對於學校輔導諮商專業人員來說，重要的是要意識到學生會經歷我們不知道的失落事件，如果沒有與具關照性的成年人建立起信任關係，學生不會願意揭露失落經驗。在學校環境中，這個成人可以是輔導諮商專業人員、科任老師、導師或其他工作人員。輔導諮商專業人員有責任教育學校中的教育人員認識與了解模糊性失落，此外，必須鼓勵學校工作人員與學生建立有意義的關係，並在學生感到足夠自在可以分享時，肯認學生的失落。與他人分享因家人失蹤、家長入獄、家長即將離婚而悲傷的學生，是在分享他們的生命故事和對他人的信任，學校輔導諮商專業人員以及學校其他教職員在理解、傾聽、一般化和肯認學生的失落故事方面，可以發揮重要的角色與功能。

（三）建立並提供一個有助於分享的安全空間

學校輔導諮商專業人員可以為學生或家庭成員提供一個安全的空間來分享與悲傷失落有關的故事，幫助每個家庭成員可以追憶失去的親人，了解彼此的想法，並支持家庭系統在遭逢變故而被迫改變的過程中進行重建。透過對表現出悲傷的家庭成員和學生表現出耐心、尊重和積極的傾聽，可以幫助他們更有可能完成悲傷的任務。相反的，

如果輔導諮商專業人員試圖向學生或其家人施加壓力，要求他們加快結束悲傷歷程，不僅學生與其家人無法得到真正需要的幫助，輔導諮商專業人員也會感到挫折。

伍、可行的輔導諮商模式與策略

一旦確認學生正在經歷模糊性失落，學校輔導諮商專業人員可以透過營造一個安全和可接受的環境來幫助學生和家庭進行改變。在這種環境下，可以使用的處遇方法和策略相當多元，例如（但不限於）遊戲治療、特定主題的支持小組、心理教育、因應悲傷營隊、記錄學生的生命故事、開啟家庭相簿、建立社會支持等。

一、遊戲治療

由於較年幼學生的表達與溝通情緒的能力會因其發展階段而受到限制，因此藉由遊戲治療的處遇模式可以協助他們透過活動來表達悲傷和失落。木偶、沙盤和微型物件的使用，以及遊戲室中的玩具可以為學生們提供一個投射的出口，有助於他們在安全、接納的環境中體驗失落，讓他們獲得對失落的控制感，以及有機會表達可能被認為是令人感到害怕或不安全的情緒（Guidry et al., 2013）。

二、團體輔導諮商

團體輔導諮商已被證明是一種有效協助經歷悲傷失落學生的方式，團體輔導諮商提供一個空間，讓學生的情緒和感受得以正常化，並得到來自同樣經歷過類似失落的同儕給予的支持。一般來說，團體輔導諮商可以讓學生們在悲傷的歷程中減少孤獨感，通常一群有類似

失落經驗的學生會提供必要的支持和同理心，彼此在悲傷的過程中互相幫助。在團體的環境中，學生還可以從敘說的過程中受益，因為學生們能夠捕捉他們各自經驗的不同細微差異，並以新的方式再次述說他們的故事（Betz & Thorngren, 2006）。

三、心理教育

　　心理教育是以適合學生發展階段的方式來解釋悲傷經驗，可以幫助學生在經歷悲傷過程時了解自己的情緒、行為和感受。此外，學校輔導諮商專業人員與學生的家庭成員分享資訊，可以幫助他們在整個過程中以最好的方式來支持學生（Guidry et al., 2013）。Boss 與 Carnes（2012）認為，要協助學生在模糊性中保持現狀、擁抱不確定性並接受缺乏控制的第一步是將經驗命名為模糊性失落，一旦經驗被命名為模糊性，並且理解它超出了一個人能夠控制的範圍，責備就可以被外化，幫助因為自責或不確定性而在表達悲傷時停滯不前的學生，開始動員起來進行有效的調整。這過程必然會感到不適，但藉由將經驗命名為模糊性失落，學生可以自由地接受這種情況，並讓他們有更多勇氣存在於模糊性的情況下（Vargas, 2019），而且勇氣會進一步擴展到生活中的其他領域，包括人際關係、學校和學習領域。

四、因應悲傷營隊

　　在因應悲傷營隊中，失去重要他人的學生可以「離開他們的日常環境，並邀請他們……以新的和不同的方式表達他們的悲傷」（Schuurman & DeCristofaro, 2010, p. 369），營隊環境對處於悲傷情境中的學生來說特別有療癒效果，因為他們周圍有其他學生和他一樣，在經歷悲傷的同時也正在經歷和享受生活。學生們可以從同儕那裡學到，一個人可以同時悲傷和維持充滿生氣的生活，而不需對自己

在生活中有正向經驗和情緒感到自責與內疚（Salinas, 2021）。因應悲傷營隊能讓學生們意識到他們並不孤單，並透過社群感促進接受和理解模糊性失落，此外，營隊也提供了一個安全而有趣的環境來紀念和分享他們所愛的人（Schuurman & DeCristofaro, 2010）。

五、記錄學生的生命故事

Preter 與 Hooghe（2012）表示對於經歷悲傷失落的學生而言，透過寫作可以凸顯學生與重要他人的連結。學校輔導諮商專業人員可以將焦點放在過去、現在或未來的經驗，主題可以跟失落有關，也可以是無關失落的主題，人物角色可以選擇學生支持系統裡的真實人物，也可以選擇電影或故事裡具神奇力量的角色。透過跟學生遊戲或聊天的過程會自然產出這些故事，故事可以用書寫的、繪畫的、拼貼的形式來呈現，也可以邀請學生帶來紀念重要他人的物品來為故事進行補充。隨著創作故事的過程，輔導諮商專業人員不僅可以了解學生是個什麼樣的人、他經歷了哪些事，隨著故事愈來愈豐厚，學生也可以再次感受到與重要他人的連結，他的能量與復原力也會持續滋長。此外，王翊涵（2020）的研究發現在創作或寫作的過程，如果能夠讓學生以其熟悉的原生文化的元素來創作或文字來書寫，將有助於學生內在深層的情緒（哀傷、思念、遺憾等）得到釋放與撫慰。

六、開啟家庭相簿

Gamino（2012）認為照片是使記憶變得具體化的重要工具，有助於學生進行悲傷調適和維持健康的關係。開啟家庭相簿此策略的原理是結構學派家族治療的「加入」（joining）觀點，此策略的前提要件是學校輔導諮商專業人員須努力獲得學生的信任，學生能願意對輔導諮商專業人員說出家庭故事中最私密的部分，因此，學校輔導諮商

專業人員要以真誠的態度與學生建立關係，讓學生感受到輔導諮商專業人員的同理與關注，進而幫助輔導諮商專業人員在學生的家庭結構中從一個「外人」，變成學生家庭的「自己人」。輔導諮商專業人員可以邀請學生帶一些重要他人的照片前來晤談，包括近期的生活照、早年的照片、重要事件的家庭合照等。輔導諮商專業人員要跟隨學生的步調來討論照片，以真正看見學生與重要他人的關係，適時地提出回應，回應的範圍可從觀察性的描述，到提出透澈的解釋，並深入地與學生所呈現的悲傷經驗進行連結。

七、編織社會支持的交響曲

Doka 與 Neimeyer（2012）表示，一般而言悲傷會被視為是一種內在經驗，但事實上，人們是在社會環境裡進行悲傷的歷程。大多數經歷失落事件的人會主動向外尋求他人的協助，包括生活事務的處理、內心感受的宣洩、再度投入生活的嘗試等。因此，學校輔導諮商專業人員可以與經歷失落事件的學生，一起評估和檢視其關係網絡中具有此功能的可能人選。Doka（2010）提出的 DLR 取向是個具體可行的評估方法，D 代表誰是行動者（Doer），學生能夠仰賴這個人而將事情完成；L 代表的是傾聽者（Listener），能夠傾聽同理學生的人，傾聽的過程不會反駁、愛講道理、批評、給予不成熟的意見；R 是緩解者（Respite figure），能夠和學生一起參與特定活動，單純享受生活中正向美好事物的支持者。Doka 與 Neimeyer（2012）為 DLR 取向新加入 X，代表的是負面或具破壞性的關係或人物，學生須盡量避免接觸這一類型的人，或是必要時，只做有限的接觸。對於經歷悲傷失落的學生，有系統地檢視他在家庭、學校或其他場域的關係網絡中，有哪些人可以為他的需求提供實質的幫助、情緒支持和愉快的陪伴，這些都是很重要且有效果的協助。

陸、結語

　　對於學生和家庭來說，要因應模糊性失落，他們必須學會面對和接受各自的處境（Abrams, 2001）。將失落具體化可以降低個人出現自責和內疚的可能性，這使得學生及其家人可以朝著療癒和意義創造的方向前進，而這些都是悲傷處遇的重要任務（Boss, 2002）。學校輔導諮商專業人員需理解所有的失落對學生來說都是困難和具挑戰性的，然而，每個受失落影響的學生都以他自己獨特的方式來表現悲傷，並以他知道的唯一方式在體驗這個過程。此外，學校輔導諮商專業人員也要理解很多模糊性失落可能永遠不會結束。與所有的失落一樣，模糊性失落無疑是難以忍受的，學校輔導諮商專業人員的職責是與身處其中的學生和家庭見面，以耐心、同理、接納和溫暖支持他們，並陪伴他們走悲傷的旅程。

　　學校輔導諮商專業人員自身可能也曾經驗或正在經歷模糊性失落，在幫助別人之前，學校輔導諮商專業人員需要先了解自己。因此，自我反思和接受訓練是必要的，如果學校輔導諮商專業人員想要在面對模糊性和不確定時更自在，必須能夠在沒有全部答案的情況下找到自己的平靜，練習運用雙和思考的思維有助於達到此目標。

Chapter 8 | 家庭暴力

壹、前言

　　每所學校都可能有受家庭暴力影響的學生，幸福和健康的人際關係是學習的基礎，因此，家庭暴力的直接和長期成本可能很高，會影響學生的學習並產生長期的負向發展後果（Lloyd, 2018）。在COVID-19 大流行期間，許多國家的研究都指出家庭暴力發生率有所增加。家庭暴力的激增與隔離政策、維持社交距離政策，以及疫情大流行造成的經濟和社會壓力有關。例如，在封鎖期間的失業率變高、無薪休假和工作保障的不確定性、社會孤立的影響，這些會進一步導致更高程度的壓力、經濟困難，以及對社交網絡和日常生活的破壞（Talevi et al., 2020）。

貳、家庭暴力的本質與對學生的影響

　　家庭暴力有多種表現形式，有些學者將兒童與青少年遭遇的家庭暴力概念化為直接和間接形式，間接形式的家庭暴力是指暴力行為發生在家長之間，這些暴力行為可能導致對孩子的間接虐待。然而有些學者認為孩子們雖然是目睹了家長間的暴力，但仍會感受到它的

影響，「孩子雖然經常被描述為是家長間暴力的目擊者，這意味著他們處在被動的角色，但孩子們會主動地解釋、嘗試預測和評估他們在造成暴力事件中的角色」（Baker & Cunningham, 2009, p. 199）。Callaghan 等人（2018）認為，將家長間的暴力認定為是間接形式的家庭暴力太過於狹隘，因為這樣的定義假設兒童與青少年是因暴力而「受到影響」的人，然而「他們不是被動的證人，他們並非『暴露』於暴力和虐待，而是像成人一樣與它一起生活並直接體驗它」（p. 1566）。他們呼籲將兒童與青少年視為家庭暴力和虐待的直接受害者，如此可以改善輔導諮商專業工作者對他們需求的回應。

家庭暴力和兒少保護是一個複雜的議題，家庭暴力與學生的其他問題經常會同時發生，因此不能將學生暴露於家庭暴力的經驗與其他困境加以切割開來（Etherington & Baker, 2018）。早期生活中同時出現的壓力問題通常被稱為負向童年經驗（adverse childhood experiences），負向童年經驗是從對童年時期發生的創傷事件（如家庭暴力、情感疏忽與虐待）的長期研究中而發展出來的一種構念（Dube et al., 2001）。負向童年經驗可能是個人長期心理困擾的來源，並對身體健康、藥物濫用、人際暴力和自殘有長期性的影響（Hughes et al., 2017）。家庭暴力、藥物濫用和家長心理健康問題是所謂的「有毒三重奏」，可能使兒童及青少年面臨傷害和複雜性創傷的風險。

依據系統觀點，家庭暴力對學生的影響可從個人與關係兩個層面來說明。

一、個人層面

遭受家庭暴力的學生很容易受到神經和心理改變的影響，這些改變是使他們在日後成為受害者或出現犯罪行為的風險因子。如果

在學生的關鍵發展時期遭遇重複和長期的侵入性人際關係創傷事件（例如家庭暴力事件），導致的負向結果通常比遭遇單一事件會更嚴重（Courtois, 2004）。家庭暴力對個人的影響包括：（1）負面情緒，例如恐懼、羞恥、內疚、自卑、退縮；（2）相關的生理狀況，例如頭痛、胃痛、身體受傷、飲食障礙、睡眠障礙；（3）心理健康狀況和疾病，例如憂鬱症、焦慮症、強迫症、創傷後壓力症候群、解離、睡眠障礙和飲食失調；（4）有害的行為，例如具攻擊性、自殘、濫用藥物和酗酒（Black, 2011; Carlson et al., 2019; Sterne & Poole, 2010）。具體而言，研究顯示重複和長期的侵入性人際關係創傷事件，會影響大腦調節人際關係和情緒的心理功能，而這些功能對進行人際互動是必要的（Puzzo et al, 2016）。此外，在暴力家庭中長大的學生容易受到無效養育的影響（例如獲得的關注較少、情感回應較少），這可能導致不安全的依附和較差的自我調節能力，易使學生走上青春期暴力風險提高的發展軌跡或是經歷更多的外化行為問題、內化症狀和創傷後壓力症候群，導致他們的認知功能降低、遭遇更多的學業困難（Carlson et al., 2019; Fong et al., 2019; Hungerford et al., 2012; Vu et al., 2016）。

二、關係層面

從依附理論的觀點來看，擁有健康或安全依附的學生，在成年後往往會擁有健康的人際關係，而擁有不安全依附的學生，成年後可能會擁有不健康，甚至暴力或攻擊性的人際關係（Rodriguez & Tucker, 2011）。遭受家庭暴力的學生可能會將他們的照顧者視為具有威脅性或無法滿足他們需求的人，因此更有可能發展不安全的依附關係，這些依附關係會延續到後續發展階段中與同儕、朋友和親密伴侶的關係（Godbout et al., 2017）。

例如 Baker 與 Cunningham（2009）發現，對家庭暴力噪音敏感的學生可能會透過在心理上隔絕噪音來因應，而這樣的因應機制會使學校環境中希望與他們互動的同儕或教師感到許多困難。文獻也顯示，遭受家庭暴力的學齡兒童與青少年成為霸凌加害者的風險會增加（Fredland et al., 2008; Holt et al., 2009; Knous-Westfall et al., 2012），也有較高的風險成為霸凌受害者（Knous-Westfall et al., 2012）。學者們進一步探討了個人的能力如何與環境因素相互作用，進而影響關鍵發展任務的成功或失敗，以及這些成功或失敗的經驗如何影響未來的發展結果。換言之，家庭暴力的困境可能會中斷或挑戰孩子完成發展任務的能力（例如精熟情緒調節能力），而這些能力是促進後期發展階段裝備具復原力行為的關鍵（Cicchetti & Valentino, 2006; Masten et al., 2006），由於他們的行為在同儕中可能是非常態的，因此遭受家庭暴力的學生可能難以建立正向的同儕關係，並且可能更常與具攻擊性的同儕互動（McCloskey & Stuewig, 2001）。

綜上可發現，遭受家庭暴力的兒童與青少年會產生多種反應和需求，重要的是不要將這些兒童和青少年視為同質群體，或缺乏復原力。「將所有兒童與青少年視為不可避免地和永久地遭受家庭暴力傷害的刻板印象是錯誤的」（Mullender et al., 2002, p. 121），雖然一些遭受家庭暴力的學生在學業上會出現困難，但仍有一些學生的學業並未受到不利影響，「一些遭受家庭暴力的兒童與青少年在學校取得了很高的成績，全心投入學校生活和活動可以提供一種逃避的管道」（Sterne & Poole, 2010, p. 23）。同樣的，雖然有些受家庭暴力影響的學生將學校環境視為提供一致性和安全的來源，但對某些學生而言，學校是另一個極具挑戰性的環境。因此學校系統成為一個可提供支持與協助的環境，對遭受家庭暴力的學生來說格外重要。

參、學校系統的角色與功能

　　學校教師和輔導諮商專業人員在辨識和因應學生遭遇家庭暴力事件方面處於有利地位，因為他們與學生的接觸比任何其他專業工作者都多。正如 Sterne 與 Poole（2010）所強調的：「儘管學校的工作人員可能無法制止家庭暴力，但他們能夠對學生的生活產生相當大的影響。」（p. 17）

一、建立信任關係以提高學生揭露家庭暴力事件的動機

　　除了轉介到社政單位或社區諮商資源之外，學校在教育學生了解家庭暴力方面發揮著重要的功能，在學校進行預防教育和提高認識家庭暴力相關知識，可以增加學生揭露家庭暴力事件的動機。然而實證研究顯示的結果憂喜參半，在一些預防教育之後，學生揭露家庭暴力的比例增加了，但也有一些預防教育辦理之後，並沒有增加學生揭露家庭暴力的比例（Ofsted et al., 2017）。此外，研究也發現參加以學校為基礎的方案會導致一些學生更有可能向家人透露，而不是向專業工作者透露（Ellis et al., 2015）。其中，學生對教師和輔導諮商專業人員的信任，對他們是否願意揭露家庭暴力事件具有關鍵的影響力。遭受家庭暴力對待的經驗會導致學生不太相信成年人支持和保護他們的能力，這有時是因為學校教師在學生向他們揭露家庭暴力事件後，卻沒有採取行動所造成的結果（Swanston et al., 2014）。因此，學校教師與輔導諮商專業人員和學生建立信任關係至關重要。

二、了解與正視學生面對家庭暴力的心理動力

　　有鑑於學生面對家庭暴力的行為反應範圍很廣，教師與輔導諮商

專業人員需要理解學生的變化，有些學生可能會變得孤僻，另一些則會變得具有破壞性與攻擊性。然而，學生的對抗性反應可能難以被教師和輔導諮商專業人員理解，進而僅以這些外顯行為來概念化學生的議題，導致出現錯誤的評估，誠如 Ofsted 等人（2017）所說的：「如果潛在的促成因子不明顯或不被理解，這些學生很可能被貼上問題標籤」（p. 14），這可能導致學校教職員誤解學生的行為，並可能會讓學生受到紀律處分。

三、了解通報流程與相關資源，做好萬全準備

在回應遭受家庭暴力影響的學生其需求時，學校教師與輔導諮商專業人員應充分了解通報流程，準備與確認社區機構相關服務的資訊，並清楚知道在揭露與通報後下一步該做什麼。如果沒有這些資訊，學生可能會處於比通報前更糟的處境（Howarth et al., 2016）。換言之，學校輔導諮商專業人員與教師必須觀察與評估從學生那裡所獲得的資訊、決定適當的步驟以確保學生的安全，以及負起向有關當局通報的責任。當學生被轉介給其他專業人員或機構時，學校輔導諮商專業人員要與轉介機構保持聯繫，並與其協調提供給學生與家庭的協助內容，以預防學生感到矛盾與困惑，進而影響復原進展。

四、維持清楚的界限，發揮角色功能

正如教師需要清楚了解自身在保護學生方面的角色一樣，他們也需要知道自身角色的界限。研究提醒教師行為超出其專業範圍的危險，例如要求學生談論他們的家庭暴力創傷經驗而沒有適當的資格與能力，這可能會對學生造成創傷性影響（Swanston et al., 2014）。

此外，有些教師在處理學生遭遇家庭暴力事件的議題時會感到不知所措，甚至有些教師覺得他們正在變得像輔導諮商專業人員一樣，

但 Mullender 等人（2002）強調，教師傾聽受家庭暴力影響的學生述說他們的經驗，並提供情感支持相當重要，這與成為輔導諮商專業人員是兩件不同的事。在已經過度繁重的教學工作和缺乏必要培訓的情況下，教師們的擔憂與害怕是可以理解的，我們期待的是教師要成為學生獲得輔導諮商資源、社政體系與社區機構服務的有效連結管道，為學生提供一個及早的機會，可以揭露自己正在遭遇的問題並獲得幫助。

肆、輔導諮商處遇的原則與策略

一、採取復原力觀點

　　儘管遭受家庭暴力事件的學生出現情緒、行為、認知、生理健康和心理健康問題的風險更高，但並非所有的學生都會出現這些問題（Vu et al., 2016; Wolfe et al., 2003）。事實上，有些學生是有復原力的，這意味著儘管他們早期的生活中發生了不利的事件，他們仍具備保護因子而能繼續茁壯成長並實現適應性的發展。下面介紹三種類型的保護因子，這些因子可促進遭遇家庭暴力事件學生的復原力發展。

（一）個人層面的保護因子

　　學生的個人特徵，包括因應能力、自尊、氣質、利社會技能和生理反應，已被確定為潛在的保護因子，可以保護學生避免因處於家庭暴力環境中而可能出現的負面結果。具體來說，能夠在家長衝突期間透過自我對話（即認知上的自我安撫）讓自己平靜下來的學生，他們經歷高程度壓力以及出現問題行為的風險較低。學生的人格特質如果是以平易近人、積極性和低反應性為特徵的自在型人格特質，在經

歷家庭暴力後也能表現出更正向的適應行為（Martinez-Torteya et al., 2009）。其他研究顯示，儘管處於家庭暴力的環境中，但具有更高自尊和更好的利社會技能的學生，他們面對負面行為結果的復原力更強（Garrido & Taussig, 2013; Oravecz et al., 2011; Salami, 2010）。

（二）同儕保護因子

具支持性的同儕關係已被證實為是處於家庭暴力環境學生的保護因子。認為自己可以與朋友談論困難情況的學生，出現逃家、中輟、憂鬱和約會暴力的風險較低（Tajima et al., 2011）。

（三）親職保護因子

研究發現非施暴家長能夠與孩子保持正向和具支持性的親子互動方式，有助於學生正向的行為和心理健康發展，例如非施暴家長對孩子表現出更高的敏感度和積極關注，可以預測孩子在執行功能方面的發展程度會更高，如工作記憶和注意力轉換等能力（Gustafsson et al., 2015）。正向的親職行為，包括家長的滋養性（即提供情緒和身體關照）、一致性、反應性和控制力，有助於降低遭受家庭暴力事件的學生出現問題行為的風險，例如逃家、未婚懷孕以及成為約會暴力受害者（Garrido & Taussig, 2013; Oravecz et al., 2008; Tajima et al., 2011）。

除了上述三種類型的保護因子外，Jenney 等人（2016）以遭受家庭暴力兒童與青少年為對象的研究結果發現，有助於兒童與青少年打破暴力循環的復原力因子包括：解脫、洞察力和自我效能、毅力和希望、不想重複暴力的循環，以及正向的關照、社會支持與社群。這些因子的內涵與相互作用歷程說明如下。

（一）解脫

遭受家庭暴力的學生表示需要找到一種方法，讓自己可以擺脫令人痛苦的環境，無論是內在的方法，還是外在的資源。內在的方法是學生展現了創造「內部避難所」的能力，以逃避他們目前生活環境的現實。外在的資源是學生表示到學校見到朋友，他會假裝沒事，在學校的時間是一段可以暫時逃離的時間。不論是採用內在或外在方法，反映的是這些學生積極嘗試尋找更安全的空間，讓自己得以成長和發展。

（二）洞察力和自我效能

洞察力是指學生有能力理解正在發生的事情，使他們能夠以保護性的方式採取行動，許多學生描述了他們會以其他家庭為基準，來判斷在家庭中發生的事哪些是正常的，哪些是不正常的。參與研究的學生還談到他們學會了預測和發現家庭暴力的模式，以便如何更好地因應或不要被波及。學生的自我效能是意識到他們可以選擇不參與功能失調的家庭動力，並以自我接納的觀點來積極地從這些經驗中尋找意義。

（三）毅力和希望

毅力和希望是指一種對更好事物的信念，亦即希望或相信改變具有可能性，具體反映學生在對自己和自身的能力有很大的信心，例如建立人際關係的能力。

（四）不想重複暴力的循環

參與研究的學生表示他們是相當有意圖地選擇在親密關係中，以

非暴力的方式來與伴侶互動，其中包括對受害者的同理和辨識暴力行為的洞察力。此外，參與研究的學生也表示會有意識地尋找更安全的伴侶，不認為他們家長的互動方式是建立關係的唯一方法，並打算不要再重蹈覆轍。

（五）正向的關照、社會支持與社群

社會支持是幫助學生在不太理想的環境中能持續前進的關鍵因素，例如參與研究的學生認為來自非施暴家長、親戚，或社群中重要他人的各種關照和社會支持，以及許多學生提到教師和輔導諮商專業人員作為榜樣和精神支持系統的重要性。

台灣學者沈瓊桃（2010）以童年時期受暴的青年為研究對象，研究結果發現他們本身所擁有或被磨鍊出的復原力，有助於他們將負面的家暴經驗轉化為奮發向上的力量，這些復原力包括：懂得自我肯定與正向思考、懂得自我省思與抒發情緒、有決心，且會付出努力來幫助自己離開受暴情境。而且復原力是一個動態發展的過程，隨著個人的生命發展與環境的轉換而交織地變化著，個人內外在力量與資源相互激發或增強個人的復原力，進而形成一個正向的連鎖反應。

上述研究都提醒輔導諮商專業人員要將復原力的發展視為一個過程和機會，而不是學生擁有或未擁有的東西。輔導諮商專業人員可以協助學生發展復原力的方法包括：透過才能和技能促進自尊建立的活動，以提高學生的自我效能；與具支持性的成人建立連結以增加社會支持；辨識和肯認對暴力的感受；教育學生關於健康關係的知識以培養洞察力；促進社區機構提供學生課外相關活動的資源與機會，以建立有助於健康發展的管道。

二、善用多元專業合作取向

有效的兒童與青少年保護策略，需要了解與善用多元專業合作的角色，Holt（2014）認為「當專業工作者清楚個人職責以及他們需要如何一起工作時，兒童與青少年會得到最好的保護」（p. 56）。影響多元專業合作的因素已經在第三章說明，本章將聚焦於闡述多元專業工作者因應家庭暴力以及兒童與青少年保護議題時的原則與策略。

（一）以非評價及尊重的態度與家庭合作

長久以來，家長傾向隱瞞家庭暴力事件，對於輔導諮商與社會資源的介入會感到警戒與不安，其中有部分原因是因為內疚、羞恥和害怕孩子被強制安置，而且遭受家庭暴力事件的兒童及青少年也表達對被安置的恐懼（Ellis et al., 2015）。研究顯示，兒童與青少年向專業工作者或其他成年人揭露家暴事件的相關資訊，可能會給他們帶來創傷，例如家庭成員會變得憤怒和不安，並要求他們要對揭露後引發的後果負責（Children's Commissioner, 2018）。學校輔導諮商專業人員與相關專業工作者面對兒童與青少年所經歷的傷害，常常會出現對家長感到憤怒或嫌惡的情緒，雖然這些反應可理解，但不能因此而不與家長工作或是責備家長，為了讓家庭暴力的情況有所改善與終止，家庭中的其他成員必須獲得協助與支持。因此，為了辨識家庭暴力事件、受害者以及家庭成員的需求，輔導諮商專業人員與相關專業工作者必須以非評價和尊重的方式與他們接觸，才能為後續的資料蒐集、評估與處遇開啟可能性。

（二）肯認多元文化因素的影響力

輔導諮商專業人員與相關專業工作者須採取多元交織性的處遇取

向，來回應家庭暴力及其相關問題（Ramon, 2015），其中必須考慮到族群、性別、年齡、社會經濟地位、國籍認同、性傾向等文化因素的影響力，肯認這些家庭系統與其成員的複雜需求。Etherington 與 Baker（2018）體認到多元交織性的重要，提醒輔導諮商專業人員與相關專業工作者要檢視與反思他們提供的服務是否忽略或關注學生所處的多個社會場域。例如，受家庭暴力對待的學生如果是身處在中產階級環境，其需求和獲得資源的機會，將不同於生活在持續性貧困中的學生。Etherington 與 Baker 提倡以學生為中心的多元交織性取向，關注學生個人經驗的獨特性，並對塑造他們經驗的文化因素保持敏覺。當家庭暴力和心理健康問題等相互關聯的因素影響家庭環境時，輔導諮商專業人員與相關專業工作者需要以相互連結而不是孤立的方式加以理解和處理它們（Lloyd et al., 2017），如果學校輔導諮商專業人員與相關專業工作者理解學生家庭生活中的問題，他們將有更多的資訊來為學生量身打造貼近他們需求的處遇計畫，進而滿足與提升學生在學習、社交和情感方面的發展。

（三）召開以案家為核心的網絡會議

　　張曉佩（2020）提出召開以案家為核心的網絡會議是幫助家庭從家庭暴力創傷中復原的重要機制，服務學生與案家的多元專業工作者有參與網絡會議的責任，且在網絡會議中，每個單位的專業工作者都必須落實展開有效對話、資訊分享、資源連結與形成處遇共識等專業角色的任務，讓網絡會議具有實質的效能。換言之，每個專業工作者都需要清楚其參與會議是負有角色任務的，是代表個案與機構，因此，在會議中要提供相關的資訊給所有與會者，和所有與會者一起討論每一種選擇的可能結果，並共同形成決策。網絡會議從開案前到結案這段期間都需要召開，而頻率以兩個月或三個月召開一次最適宜，

亦即網絡會議的召開時機點須兼顧及時性與延續性。以案家為核心的網絡會議是所有專業工作者共同參與，目的在發展促進個案與案家福祉的處遇計畫，如此才能提升從創傷中復原的效果（Campbell et al., 2011），也呼應 Lee 等人（2013）所提出的合作是連續光譜之概念，主張以個案為中心的協同分工是程度最深、效果最大的合作模式。

伍、結語

　　遭受家庭暴力事件的學生其對成人的信任感通常已受到破壞，可以理解的是他們在與他人建立關係時會出現懷疑與有所保留的反應，因此學校輔導諮商專業人員需將自己全心投入於輔導諮商關係中，並了解經歷家庭暴力創傷的學生經常會藉由測試輔導諮商專業人員的耐心，來延伸其信任的界限。因此，輔導諮商專業人員必須接受此挑戰，以一致的方式與態度來和學生互動。

Chapter 9 | 自殺危機

壹、前言

　　社會大眾很容易低估兒童與青少年的自殺風險，尤其會認為兒童期是無憂無慮的，然而，兒童與青少年的日常生活充滿各種挑戰，這些挑戰可能導致他們出現具破壞性，甚至致命性的想法和情緒。根據衛生福利部死因統計資料顯示，2021 年 1～14 歲年齡層人口中，死因為自殺者有 14 位（男性 5 位，女性 9 位），死亡率為 0.5‰；15～24 歲年齡層人口中，死因為自殺者有 247 位（男性 144 位，女性 103 位），死亡率為 9.6‰（衛生福利部，2022）。而所有關於兒童與青少年自殺研究的一個共同發現是，只有一小部分有自殺危機者會主動尋求專業幫助，這意味著大多數兒童與青少年的自殺行為是沒有被心理衛生專業服務者發現的（Doyle et al., 2015; Ystgaard et al., 2009）。

　　兒童和青少年在學校的時間相當長，學校系統對他們的身心健康發展具關鍵影響力，因此學校輔導與諮商專業人員要試圖在回應學生的痛苦和自殺危機這件事情上扮演關鍵的角色，且將學校轉變為具滋養性與發展性的空間，以同時促進個人層面與系統層面的保護因子，降低學生的挫敗感和社會孤立感（Testoni et al., 2020），進而降低自殺危機。

貳、校園自殺危機對輔導諮商專業人員的影響

　　因兒童與青少年自殺危機持續存在於校園中，因此有必要了解學校輔導諮商專業人員如何做好準備與有自殺傾向的學生一起工作，以及學生的自殺危機對他們會帶來哪些影響。

　　學生在學校活動的時間相當長，且通常不會主動向學校系統外的專業人員尋求協助，因此學校輔導諮商專業人員便成為學生自殺風險的主要評估者；換句話說，與任何其他心理健康專業人員相比，學校輔導諮商專業人員有更高的機率要為兒童與青少年的自殺風險進行評估（Becnel et al., 2021）。在美國，大約三分之二的學校輔導諮商專業人員表示他們每個月都會進行多次的學生自殺危機評估（Gallo et al., 2021）。Haugen 等人（2021）的研究發現，79.8% 的學校輔導諮商專業人員曾與有自殺企圖的學生一起工作，且有 36.7% 的學校輔導諮商專業人員曾有個案因自殺而死亡。相關研究發現當學生處在自殺危機的情況時，學校輔導諮商專業人員通常會出現高張力的情緒反應，而較缺乏處理自殺危機議題經驗的輔導諮商專業人員對學生的自殺行為更容易感到震驚和恐慌。此外，對自己因應與處理學生自殺行為的能力感到懷疑的輔導諮商專業人員，在自殺危機處遇過程中也常強烈感受到擔憂和焦慮，而這種擔憂與焦慮會進一步影響他們在校外的生活，例如失眠、高度緊繃、與家人朋友相處時心不在焉等（Berger et al., 2014; Dowling & Doyle, 2017; Roberts-Dobie & Donatelle, 2007）。

　　輔導諮商專業人員經常在個案自殺後質疑自身的專業判斷（Sherba et al., 2019; Thomyangkoon & Leenars, 2008），因此，有必要在學生自殺後探索學校輔導諮商專業人員的自我效能感。自我效能

感是個人相信他們可以實現目標的程度，並且個人更有可能僅僅透過相信自己可以成功，進而成功地實現這些目標（Bandura, 1986）。輔導諮商專業人員的自我效能被定義為對他們為個案提供輔導諮商服務能力的判斷（Larson et al., 1992），當個案自殺死亡，會衝擊輔導諮商專業人員的自我效能感（Goreczny et al., 2015; Kozina et al., 2010; Lent et al., 2003）。由此可見，學生自殺事件會對學校輔導諮商專業人員的專業生涯與個人生活帶來極大的影響。

參、自殺危機的風險因子與保護因子

一、風險因子

相關研究已發現超過三百個自殺的潛在風險因子，風險因子包括生物性因子（性別、年齡）、心理性因子（自尊、情緒困擾、人格議題、物質濫用）、認知性因子（僵化的認知結構、薄弱的問題解決能力、衝動）、環境性因子（霸凌、重要關係的失落、家庭關係衝突、師生關係衝突、家長失業）（Granello & Zyromski, 2019）。風險因子可以是近端的（突發性的危機）或遠端的（持續性的壓力源），當學生的生活中出現的風險因子愈多，表示其自殺危機愈高。

隨著網路科技的發達與普及性，使用科技設備與網路平台已是學生的日常行為之一，因此，學校輔導諮商專業人員也需要了解社交媒體對於引發潛在自殺風險扮演的關鍵角色（Robinson et al., 2016）。Twenge 等人（2018）的研究發現，青少年自殺死亡人數的增加與他們使用社交媒體的頻率增加有關，具體來說，大量使用社交媒體易導致憂鬱和自殺風險因子增加。每天使用社交媒體超過 5 小時的青少年，與每天僅使用 1 小時的青少年相比，他們出現自殺風險因子的可

能性高出了 66%。一般來說，使用社交媒體和閱讀網路新聞能夠預測青少年會出現更高的憂鬱程度或自殺危機；相反的，面對面的社交互動、運動、參加體育活動、參加宗教活動和閱讀紙本新聞能預測學生較少出現憂鬱反應（Granello & Zyromski, 2019）。Berryman 等人（2017）的研究也發現模糊紀錄（vaguebooking，在社群網站上刻意發表意思模糊的訊息，想要引起關注與回應）可以預測發表訊息者的自殺意念。

Testoni 等人（2020）的研究發現，青春期的述情障礙（alexi-thymia）會伴隨著絕望感，個人不僅對未來缺乏希望，且復原力和幸福感都會下降。研究證實難以辨識自己的情緒，會導致個人的各種能力都比較薄弱，也更難以引導自己的生活往目標前進。因此，難以描述自己的感受與各個層面的復原力下降有關，致使個人無法積極因應生活中的困難情況，進而提高了自殺危機。

由上述文獻可發現自殺風險相當複雜，若進一步以第二章曾說明之生態系統 PPCT 的架構來理解，可發現霸凌、重要關係的失落、家庭關係衝突、師生關係衝突、在社交媒體上發布模糊訊息等是屬於近端歷程（Proximal processes）；性別、年齡、自尊、情緒困擾、人格議題、物質濫用、僵化的認知結構、薄弱的問題解決能力、衝動、述情障礙是屬於個人特質（Person）；家長失業是屬於環境脈絡（Context）；近端歷程、個人特質與環境脈絡隨著時間發展而產生改變則是屬於時間（Time）。例如一位因家長失業處於情緒低落狀態的學生，在社交媒體上發布一則模糊訊息表達其自殺意念，後續有網友陸續留言回應此訊息，如果網友的留言內容傾向「贊成」與「附和」該名學生的自殺意念，如此會讓該名學生的自殺風險提高；反之，如果網友的留言「鼓勵」該名學生向系統中的重要他人（如輔導諮商專業人員）尋求協助，則有機會降低其自殺風險。每個人所呈現

的自殺風險因子交互作用的路徑也都不一樣，知道哪些學生處於自殺的風險中，有助於學校在自殺防治計畫進行決策與介入，但不能作為了解個別學生獨特樣態的唯一參考資訊。

二、保護因子

探討自殺危機保護因子的研究亦相當豐厚，包括樂觀、希望感、生活滿意度、生存理由、文化認同、宗教信仰、具支持與關照的關係連結、社會資產、社會聲望等都是保護因子（Davidson et al., 2010; McClain et al., 2016; Street et al., 2012; Utsey et al., 2007; Wang et al., 2013）。這些研究的結果顯示對於個人具保護作用的因素相當多元，且在預防自殺相關的介入效果上，文化和心理因素之間存在著相互作用。

近幾年以優勢觀點進行自殺議題探討的研究發現，自我復原力（ego resilience）是有助於減緩自殺危機的保護因子（Wang et al., 2020）。自我復原力是指一種能以彈性和足智多謀的方式來調整個人控制生活情境的行為以因應壓力源的能力，相關研究發現自我復原力與個人比較少出現憂鬱症狀有關（Holden et al., 2013）。具有高自我復原力的個人，更有可能根據環境需求來適應和修改控制行為，所以高自我復原力能夠緩衝個人的自殺風險是可理解的（Wang et al., 2020）；換言之，具有高度自我復原力的人能夠對抗自殺危機，是因為他們有能力以彈性的方式來適應環境需求。

此外，相關研究也發現，集體主義世界觀對生活在重視人際關係文化脈絡中的個人來說，也是一種重要的保護因子（Utsey et al., 2000; Wang et al., 2013）。集體主義世界觀不僅重視人際關係，也強調與自然和諧相處，使用雙和觀點來理解與詮釋生活經驗。Neblett 等人（2010）認為集體主義世界觀有助於預防心理困擾，包括對壓力

的正向評估、靈性、群體導向和樂觀的因應風格，進而間接降低了個人的自殺風險。

　　保護因子的內涵相當多元，輔導諮商專業人員同樣也需要以生態系統和多元文化的觀點來與學生一起尋找有助於緩解其自殺危機的保護因子。

肆、正視與推動死亡教育

　　Testoni 等人（2020）認為每個人在一生中都會出現了解死亡的需要，死亡教育（death education）提供一個概念基礎協助學生了解生命是有限的，並有機會獲得對死亡的成熟意識，以了解生命必須得到保護和存續。許多研究證實，意識到自己的極限才能反映生命的更大價值，進而選擇以更好的形式存在。事實上，許多經驗顯示學生需要能夠以自由發想的方式表達自己對於生命意義與死亡意義的想法，遺憾的是，許多成人、教育工作者和家長只願意跟兒童和青少年談生命意義，不願意回答兒童和青少年關於死亡意義方面的問題，對談論死亡存有禁忌的刻板印象，並認為避免談論死亡是在保護孩子免於受到消極負面想法的影響。因此，兒童和青少年在尋找有關死亡的資訊時變得孤立無援，只能透過網路媒體搜尋資料，但往往網路媒體提供的資訊未必是正確的，不僅無助於他們以成熟的方式來因應死亡的議題，甚至可能造成更危險的情況，尤其是當兒童與青少年認為自殺可以解決他們的問題，並且找不到任何人可以討論他們的消極想法時。

　　Robinson 等人（2016）在回顧 30 篇探討以使用社交媒體作為策略來預防青少年自殺的研究時發現，如果經歷憂鬱和悲傷的青少年以不適當的方式使用社交媒體，或者如果他們接觸到鼓勵自殺的想法

和行為的網站，那麼這些青少年的自殺危機會顯著提升。Granello 與 Zyromski（2019）提醒學校輔導諮商專業人員和家長需要了解學生的社交媒體生活，當學生在網路上談論死亡與自殺時，成年人需要了解這些討論並緩和這些言論的影響力，以降低學生的自殺想法和行為。

　　死亡教育的目的是藉由適當語言來提供關於死亡的資訊，以幫助學生獲得情感性的理解、引發對生命意義的反思、加強批判性思考，並鼓勵學生與其朋友和同學分享他的體驗與學習。這種性質的介入有助於確保學生維持良好的心理健康，因為它使學生能夠以實際的方式思考死亡，減少痛苦和自我中心式的幻想。死亡教育在管理自殺風險方面有具體效果，特別是當學生的生活中已經出現自殺創傷事件時，死亡教育有助於將「維特效應」（Werther effect，或稱自殺模仿）的風險，轉化為積極闡述與死亡有關的想法，不僅有助於防止因認同和親近自殺者而產生的模仿效應，也有助於強化生命存續的意義（Testoni et al., 2020）。

伍、自殺防治教育與訓練方案

　　學校是為學生提供自殺防治方案的合適環境，Juhnke 等人（2011）表示，學校系統在本質上是向學生灌輸尋求幫助和利社會行為價值觀的理想場域。此外，Lazear 等人（2012）也認為學校擁有教師、行政管理人員、護理師和同儕等資源，如果經過培訓，他們有可能成功地協助高風險學生。李佩珊（2021）也認為當學校師長整體知能提升時，學生群體的保護因子也更為足夠時，代表學生的整體心理健康狀態、社會與心理支持、自殺防治觀念等皆得到提升。根據美國學校諮商師學會（American School Counselor Association [ASCA],

2012）的主張，學校輔導諮商專業人員在綜合性學校輔導諮商方案中的主要角色包括：合作、領導、倡導和促進系統性改變，全校性的自殺預防方案需要這四個角色在學校內和整個社區內建立成功的合作，幫助自殺防治工作的推動。

一、自殺防治與訓練方案的限制

時至今日，自殺防治方案仍然面臨幾個嚴重的批判和限制，例如無法準確預測個人的自殺行為（Chan et al., 2016; Chu et al., 2015; Fowler, 2012）、缺乏多層次的理論發展（Barzilay & Apter, 2014; O'Connor, 2011），以及太少實施多層次預防方案（van der Feltz-Cornelis et al., 2011）。就太少實施多層次預防方案這點批判，美國疾病管制暨預防中心提供了有價值的觀點供實務工作者參考，它認為任何健康或疾病問題的預防工作，都需要在社會生態模式（social-ecological model, SEM）內進行綜合多層次的努力（Centers for Disease Control and Prevention [CDC], 2017）。「社會生態模式」是一個四層次的架構，四層次架構從鉅觀到微觀依序是社會、社區、關係和個人層次。（1）社會層次的因子涉及更大範圍的問題，例如：社會和文化規範、政策和其他規則或法律。（2）社區層面的因子是聚焦於某個區域的影響，例如：學校、休閒活動場所、福利服務機構等。（3）關係因素是指和直接的人際互動有關的因素，例如：社會支持或退縮、同儕和家庭。（4）個人層面因素與個人特徵有關，例如：人口統計學變項、態度、健康狀況等（Cramer & Kapusta, 2017）。因此，學校輔導諮商專業人員可運用社會生態模式來組織和管理學生生活中出現的自殺風險因子和保護因子，從中獲得關鍵資訊，並形成相對應的預防策略。

二、自殺防治與訓練方案的可行主題

Granello 與 Zyromski（2019）在進行文獻回顧後，提出自殺防治教育與訓練方案的可行主題如下：

（一）心理健康教育

心理健康教育包括教學生如何健康地表達情緒、承受痛苦、減少汙名化，以及如何在有需要時尋求幫助。小學階段的學生特別適合從這個主題開始進行自殺防治教育。

（二）自殺人口統計和流行病學的資訊

包括文化中關於自殺的現象、自殺現象本質等資訊，例如依據性別、年齡、族群、性傾向、居住地等人口統計變項的自殺率。

（三）自殺風險因子

自殺風險因子不是實際的自殺行為，而是情緒狀態、認知狀態以及與自殺相關的行為。自殺風險因子相當多元與複雜，因此方案的重點是讓參與課程的人了解自殺是一種複雜而獨特的現象，而不是僅列出每個風險因子。

（四）自殺警示徵兆

每個人都會以自己的方式表達他們潛在的心理痛苦（psychache），自殺警示徵兆是有自殺傾向的學生在企圖自殺之前可能會採取的特定行為，這些行為可能包括：翹課、缺席課後活動、對學習表現失去興趣、成績差、社交退縮，以及物質濫用的增加。重要的提醒是一旦發現這些示警訊號時，要認真看待它們，而不是只將它們看

成是學生正在經歷的一個階段或所謂壞孩子的行為表現。

（五）以具同理心的方式接觸有自殺傾向的學生

　　許多教師或其他學校工作人員幾乎沒有接受過心理健康訓練，在與悲傷或沮喪的學生互動時，他們可能會感到擔憂或不知所措。此外，他們也擔心如果說錯話會使情況變得更糟，或者談論自殺會使學生出現自殺的想法。這個迷思可能會阻礙教師和其他人主動接觸處於危機中的學生，因此，培訓課程中很重要的一部分是討論與練習如何以具同理心的方式，和有潛在自殺風險的學生進行互動。教導教職員避免出現只想解決問題的態度，而是要以專注開放的態度進行傾聽。

（六）提問跟自殺有關的問題

　　談論自殺可能會讓人感到尷尬或不自在，因此，課程中包括「提問跟自殺有關的問題」的訓練主題相當重要。這些問題需要直接、實事求是地提出。方案的課程中可以提供對話範例，並進行角色扮演以熟悉這些互動方式。這裡要特別提醒的是與學生討論自殺，並不是簡單的討論自殺的方法有哪些或介紹自殺方法的網站平台，如果是這樣的討論內容，對處於自殺風險中的學生來說是相當危險的，這樣做的教師或輔導諮商專業人員無疑是提著汽油桶來滅火，會讓學生的自殺問題更加惡化。所謂「提問跟自殺有關的問題」是要詢問學生跟自殺有關的想法，包括他的自殺計畫（時間、地點與方法）、自殺行為的歷史（過去是否曾出現自殺企圖或行為）、微系統中的重要他人是否知情及其反應等。

（七）轉介的資源

　　在學校展開自殺防治方案之前，必須與當地心理健康機構進行協

調，如此可確保當學生有需求時，可立即連結和預約所需的資源。在方案課程中清楚地提供這些轉介資源相當重要，可以製作成可隨身攜帶的小卡，或是製作成 QR Code 讓與會者掃描後，將這些轉介資源的資訊儲存在手機裡，以便在需要時可及時取得。

三、發展自殺防治教育與訓練方案的建議

自殺防治工作的關鍵目的之一是協助學校教職員獲得辨識表現出情緒痛苦訊號的學生，並裝備提供協助的能力。Surgenor 等人（2016）回顧 20 個自殺防治方案的成效後，提出規劃自殺防治方案的建議供學校輔導諮商專業人員參考，說明如下。

（一）採用長期策略

學習理論已經告訴我們除非學習者有機會反思所接收到的教材內容，並將這些教材內容用於他們自己的經驗，否則這些教材不太可能發揮作用。此外，如果在課程結束時學生是帶著擔憂與困惑離開，學校輔導諮商專業人員將無法進行後續追蹤。基於這些原因，自殺防治教育與訓練方案至少要持續四次，然而，多數自殺防治方案的內容通常只有一至兩次的課程。持續時間很短的自殺防治方案在降低自殺率方面是沒有果效的。

（二）注意脈絡性因素

相關研究認為自殺防治方案實施的脈絡和方式，會直接影響參與者如何分享和使用訓練過程中所學習的知能。因此，由非專家為整個學校提供的一次性課程的效果，將不及由該領域的專家來帶領規模較小、更具互動性的小組課程或討論。在決定方案的目標和重點時，需要考慮這些脈絡因素。

（三）明確定義學習目標

　　自殺防治方案需要有明確定義的學習成果，準確說明在參加方案後，學習者會發生什麼變化。明確定義和可觀察的結果也有助於對方案進行效果評估，效果評估可以是簡單易行的，只要在方案設計之初就明確定義少量與具體的學習目標，進而再確認這些目標是否已經被實現即可。

（四）需求評估是不可或缺的

　　需求評估是經常被忽視的要素，進行需求評估讓學生得以有機會提供回饋，以便直接辨識和解決他們的特定需求，也讓學校校長和管理人員能夠討論和批准該方案，並肯認自殺防治訓練課程的重要性。

（五）方案設計和執行要有彈性

　　方案的設計應該有彈性，以回應在特定結構內出現的問題。方案本身的彈性讓採用替代性策略來反映獨特情況的可能性更高，如此也能更準確地滿足目標人口群的需求。

（六）運用外部專家促進者而不是教職員

　　從多重關係的動力可理解學生比較不願意接受和參與由教師提供的處遇，因此建議在可行的情況下，處遇方案應由外部專家促進者提供，原因如下：首先，這樣的做法向學生宣誓，自殺防治是一個學校希望認真看待的嚴肅問題；其次，專家的專業知識將確保可以回答任何學生提出的困難問題，並以適當的方式來回應；最後，從倫理的角度來看，外部專家能夠更好地辨識和支持那些因師生衝突關係而受到影響的學生。外部專家可為學生和教師提供緩衝，對學生而言，他們

可以更公開地討論問題；對教師而言，教師可以從熱椅子上離開。如果要由教師參與方案設計和執行，則這些教師需要接受適當的培訓、諮詢和督導，以避免出現耗竭和替代性創傷。

（七）不要過度強調風險因子

過度強調遭受特定風險因子影響的人，可能會導致忽視或低估那些有可能做出衝動性自殺企圖的人。此外，雖然裝備風險因子的知識是預防方案的重要部分，但學生的年齡、性別或性傾向這些風險因子不會因參加自殺防治方案而改變，因此，辨識風險因子不應成為任何方案的唯一焦點。在學校環境中，還須著重培養學生的復原力，使他們能夠因應生活中遇到的各種挑戰，也需要同時關注不同層次的介入處遇，例如改變學校環境、提高學生的個人技能、讓家長參與，會比只處遇一個層次的自殺防治方案來得更有效。

（八）方案執行方式應該是多樣的、互動的且吸引人的

自殺防治方案應避免「死於 PowerPoint」（意指做得很糟的 PowerPoint 簡報，報告的人又報告得很差，導致聽眾痛苦萬分）的陷阱。實證研究證實，有效的執行方法包括：互動式工作坊、討論、小組活動／練習、手冊、海報、卡片、家庭作業和案例影片。角色扮演也是協助自殺防治的有效技術，因為它允許學生在非評價的空間中練習尋求協助的行為，角色扮演也有助於促進同理心、引發討論和建立信心。

（九）定期重新評估方案成效

方案的結束並不意味著對自殺相關問題的學習也跟著結束。雖然實際的時間和資源限制可能不利於規劃連續、長達一年的方案，但定

期重新審視和重新評估以前方案的策略、技能和結果是有好處的，能夠幫助學校輔導諮商專業人員善用過去的成功經驗，有效運用資源，以規劃能回應學生需求的方案。

四、以「學校為本位」的自殺防治方案

李佩珊（2021）對「以學校為本位」的自殺防治方案進行探究，其中論述了全面性策略、選擇性策略與指標性策略這三層級的服務對象、內容與原則，說明如下（p. 31）。

（一）全面性策略

在此一層級的服務對象是全校學生，目的是促進學生心理健康，提供自殺防治相關資訊，具體做法包括：（1）透過發展性輔導，進行心理衛生教育；（2）運用多元策略進行自殺防治教育及宣導；（3）精神疾病與自殺的去汙名化；（4）宣傳介入性輔導業務，鼓勵學生或同儕主動求助；（5）研究探討學生的自殺概念，作為長期推動參考；（6）減少致命工具的可近性，提升校園安全。在規劃與執行全面性策略時應該要讓方案的持續時間更長，關注學生的全面心理健康，並評估更廣泛的自殺行為或自殺企圖，而不只是關注知識和態度的改變。

（二）選擇性策略

在此一層級的服務對象是高風險學生族群，目的是強化心理健康篩選及高風險學生的辨識，具體做法包括：（1）守門人教育訓練，鼓勵師長早期發現、介入與協助；（2）培力輔導股長或志工，提供各班服務與關懷；（3）新生心理健康篩檢或憂鬱症等評測工具之篩檢及運用；（4）提升導師辨識精神疾病學生知能，早期發現與

治療；（5）針對憂鬱症或有自殺傾向學生進行介入性輔導（個別諮商、團體輔導或諮詢）。學校教師或輔導諮商專業人員可能會將服務對象標籤成有心理健康問題的學生，或是汙名化原住民、中輟生、精神疾患學生等，因此建議進行心理健康或憂鬱症等篩檢時，需要更尊重學生的個人隱私，強調每個人要成為自己心理健康的專家，並且運用同儕互相幫助與支持的方法。

（三）指標性策略

在此一層級的服務對象是出現高自殺風險的學生個案，目的是就出現自殺企圖或行動之學生提供即時的通報、關懷與處遇，具體做法包括：（1）進行自殺防治通報，與專業人員共同協助個案；（2）針對嘗試自殺學生進行處遇性輔導及跨系統合作；（3）進行自殺高風險學生個案之同儕輔導或班級輔導；（4）針對學生自殺事件進行危機處理及安心服務；（5）規劃自殺事件之後的防治策略，以避免模仿效應。輔導諮商專業人員需要採用個別化的策略，確保學生能獲得即時的協助，並在其經歷危機的期間提供不間斷的關懷與資源。此外，在輔導人力較為不足的偏鄉小校，須能確保有教育、社政或衛政等專業人力來協助這些學生，並完善社區的安全防護網絡。

李佩珊（2021）亦提醒以「學校為本位」的自殺防治方案之規劃與實施，須考慮到學校的生態系統，並評估學校自殺率、師生比及三級預防策略等再選用合宜的介入策略。

陸、自殺危機評估

Granello 與 Zyromski（2019）認為準確的自殺危機評估對於辨識

急性、可改變和可介入的風險因子，以及幫助學校輔導諮商專業人員辨識個案何時需要更具體的處遇措施，以幫助個案管理生活至關重要。一般而言，自殺危機的確認要基於對個人風險因子和警示徵兆的全面評估，以及對可以減輕風險的保護性因子的仔細評估。自殺危機評估，就其本質而言，鼓勵學校輔導諮商專業人員要關注細節，在決策時要非常具體，並發展治療性的視框。

　　此段落以 Granello 與 Zyromski（2019）所提出的十二項核心原則為架構，綜合相關文獻進行論述，協助學校輔導諮商專業人員在個案處於自殺危機期間時，能掌握這些基本原則進而為個案提供最佳的輔導諮商介入。

一、每個人的自殺危機評估都是獨一無二的

　　當要評估一個人的自殺危機時，要對風險因子和警示徵兆（例如將珍貴的物品送給他人、遠離他人）進行全面的分析。然而，當學校輔導諮商專業人員面對有自殺傾向的個案時，風險因子和警示徵兆並不能讓他們了解全部情況，實際上，「不符合」自殺危機輪廓的人可能面臨迫在眉睫的風險，而具有相似風險因子輪廓的兩個人，可能處於非常不同的危機程度。換言之，自殺風險因子在不同的人身上會有不同的樣態，所有的風險因子清單以及正式和非正式的評估，都不能完全說明一個人的獨特性和他的危機狀況。基於這個原因，在進行自殺危機評估時，學校輔導諮商專業人員要盡可能從多個資訊管道來了解個案，以確定風險因子、警示徵兆和保護因子如何以獨特方式在個人的生活中出現，以及他們如何展現出個人的自殺危機程度。

二、自殺危機評估是複雜且具有挑戰性的

　　有自殺傾向的個案通常不想死，他們只是想讓心理痛苦結束，處

於自殺危機的人相信情緒或生理上的痛苦是「無法忍受」、「無法逃避」以及「無法結束」的（Chiles & Strosahl, 2005）。一般而言，有自殺傾向的個案，他們的問題解決能力會受到認知僵化和強烈情緒的影響，因此認為自殺似乎是停止痛苦的唯一選擇。在這種情況下，與其說是死亡對個案具有吸引力，不如說是個案對生活中痛苦經驗的排斥，因為目前經歷或預期的生活中的苦難，使自殺成為一種選擇。

　　大多數有自殺傾向的個案對自殺和死亡的感受是模糊的，他們的感覺也可能每天或時時刻刻都在變化，因此，學校輔導諮商專業人員要從這些模糊和混亂的情緒狀態及僵化的認知中預測危機是相當困難的。然而，模糊性也是生存的最大希望，因為它讓處遇有機會發生。

三、自殺危機評估是一個持續的過程

　　自殺危機不是一成不變的，自殺危機評估是一個過程，而不是一次性事件，因為自殺念頭和行為高度不穩定的特質，會讓已經完成的自殺評估很快就過時。此外，即使是被認為危機不高的個案，自殺危機評估也是輔導諮商的重要部分，尤其是在即將進入轉銜期、壓力加劇或環境支持發生變化時。學校輔導諮商專業人員可以在每次晤談時，進行一次關於自殺危機變化的簡短評估，可以詢問的問題如：「上次你說你沒有自殺的感覺，這週發生了什麼事情，讓你發生了改變？」或「自殺的想法、感受和行為是連續的，以 1 到 10 的數字來看，10 代表最強烈，你現在在哪個位置？」

四、謹慎避免出現錯誤的自殺危機評估

　　自殺危機評估可能會出現兩種潛在錯誤，第一種錯誤是假警報（亦即一個人被判斷為有自殺傾向，而實際上他並沒有），假警報在普篩中相當常見，因此需要對出現自殺傾向的人進行單獨晤談和更仔

細的評估。假警報會占用工作人員的時間和資源，而使真正有危機的人無法使用該資源，也可能損害治療關係。第二種可能犯的錯誤是假陰性（認為某人沒有自殺傾向，但實際上他有），假陰性的後果就是有自殺傾向的人真的自殺死亡。因此，出現假陰性的錯誤要付出極大的代價。

五、自殺危機評估是合作的

自殺危機評估要盡可能使用團隊合作取向，因為團隊成員的多元觀點可以豐富評估的內容，也有助於減少輔導諮商專業人員錯過重要的訊息或做出錯誤決定的可能性。團隊取向的自殺危機評估包括合作、證實和諮詢三要素。

（一）合作

合作是為了共同的目標而承諾一起工作的行為，在自殺危機評估的情況下，目標是保護學生免受自我傷害。學校輔導諮商專業人員可以與多元專業工作者進行合作，包括其他治療專業人員、學校工作人員、家庭和社區組織。

（二）證實

與個案的朋友和家人確認自殺風險，對於輔導諮商專業人員了解危機程度來說非常重要。例如，朋友和家人也許能夠提供有關個案情緒或行為變化，或曾採用的自殺方法的資訊。個案的自我報告與其他人提供的資訊之間如果出現不一致的情況，此時輔導諮商專業人員可以進一步澄清自殺危機。

（三）諮詢

　　諮詢專業同儕是自殺危機評估的常見做法，學校輔導諮商專業人員與有自殺傾向的個案進行晤談時，建議一定要進行諮詢，因為諮詢有助於輔導諮商專業人員提升給個案的處遇品質和在法律上獲得保護。在輔導諮商處遇效果上，諮詢可以提供額外的觀點，並防止出現治療和理論上的狹隘視框現象。就法律角度而言，諮詢可以幫助輔導諮商專業人員為自己的實務作為進行辯護。事實上，在個案處於高自殺風險的情況下，進行諮詢和紀錄被稱為「預防疏忽責任的雙支柱」。督導是一種更加正式和結構化的諮詢類型，在自殺評估方面經驗有限的輔導諮商專業人員，應尋求資深同儕的督導。

六、自殺危機評估有賴於臨床判斷

　　不確定性是自殺危機評估中不可避免的一部分，接受訓練和累積實務經驗可以幫助輔導諮商專業人員發展臨床判斷，以掌握或至少管理不確定性。

七、自殺危機評估認真看待所有威脅、警示徵兆和風險因子

　　事實上，超過 90% 自殺死亡的青少年在採取自殺行動之前曾透露線索（口頭或其他警告訊號），學校輔導諮商專業人員必須認真看待每一個威脅或警示徵兆，所有的自殺威脅和企圖都是進行求救，就像一個溺水的人在空中揮動雙手並需要立即的幫助。對於那些經常嘗試或威脅要自殺的人，輔導諮商專業人員可能會輕忽他們的威脅訊號，認為他們是透過這些自殺威脅在操控關係，然而，自殺威脅是評估自殺危機的重要線索。

八、自殺危機評估會詢問棘手的問題

　　有時，當個案考慮自殺時，他們會委婉地說話或含蓄地威脅，例如「我如果不在了，他們也不會發現」或「我走了，他們會更快樂」，重要的是輔導諮商專業人員不要採用個案這種說話方法，而是要直接提出具體的問題，並使用諸如「自殺」和「死亡」之類的詞。直接的方法不僅可以降低誤解的可能性，而且還向個案傳達了一個強而有力的訊息，即他可以與輔導諮商專業人員談論自殺想法。在這裡要提醒與澄清一個普遍存在的迷思是：向某人詢問自殺的問題會導致他考慮自殺。然而，真實情況是與所有個案開始討論自殺是很重要的，詢問自殺並不會增加風險，反而可以降低他們的痛苦感受。以冷靜和坦率的方式談論自殺和死亡，對於個案來說是一種解脫，因為他們知道有一個安全的地方可以讓他們述說那些難以啟齒的想法。

九、自殺危機評估本身就是治療

　　學校輔導諮商專業人員開始為個案進行自殺危機評估的那一刻起，治療就開始了，因為正確地進行評估有助於辨識個案的議題和模式，進而將這些資訊變成處遇的基礎。甚至評估過程本身也可以開始產生療癒效果，並讓個案走上改變的道路，因為自殺危機評估的一個主要部分是情緒宣洩，以及讓人們講述他們的故事並感到被傾聽和被理解。

十、自殺危機評估試圖揭露潛在訊息

　　每一個自殺事件都有一個潛在的訊息，個案自殺死亡，意味著這個訊息沒有被接收到。儘管對於導致一個人出現自殺傾向的原因有很多解釋，但大多數可以概括為三大類：溝通、控制和迴避。

（一）溝通

對於某些個案來說，自殺威脅和企圖是一種告訴他人他們的心理痛苦已經變得多麼難以忍受的方式。有些時候有自殺傾向的人無法直接表達他們的痛苦，他們會以憤怒、敵意、諷刺或孤僻的方式來呈現，無論他們採用何種方式，對於這些人來說，自殺念頭和行為都是他們試圖與他人進行溝通的訊息。

（二）控制

自殺可以作為一種方法來控制自己的命運或他人的行為，透過自殺行為，個案可能會覺得自己掌握了自己的世界，掌握了自己的命運，甚至可能相信自己可以影響他人的命運，或在世界看起來混亂和不安全時取得控制權。

（三）迴避

迴避長期的或即將發生的身體或情緒上的痛苦是第三個訊息。考慮或企圖自殺的個案通常是因為他們覺得自己已經用盡解決問題的所有策略，但卻都沒有得到成效，因此相信自殺是解決一連串壓倒性痛苦的唯一方法。

十一、自殺危機評估要在文化背景下進行

在評估自殺危機時，應考量自殺態度、可接受程度和適當處遇策略方面的文化差異，某些文化對自殺有著強烈的文化或宗教禁忌，雖然這可能是一個保護因子，但它也可能在「禁止談論」的文化脈絡下阻礙個案向他人尋求協助。

十二、記錄自殺危機評估的過程與內容

　　個案自殺是輔導諮商專業人員最常被申訴或提告的原因，而保護自己免受訴訟的最佳做法就是個案紀錄。倫理委員會或法院的立場傾向同意並非所有的自殺行為都是可以預防的，他們通常會支持做出承諾，並採取系統性的努力來確保個案安全的實務工作者，而確定這些努力（或缺乏努力）的唯一方法是透過文件紀錄。根據法律觀點，沒有記錄下來的自殺危機評估，等同沒有發生過。紀錄不僅履行了法律與倫理義務，而且本身也能改善提供給個案的服務品質，如果個案將來有自殺傾向，完整而準確的紀錄會很有幫助。每次完成自殺危機評估時，無論多麼簡短或非正式，都必須將內容與過程加以記錄下來。

柒、結語

　　兒童與青少年的自殺代表著令人難以接受的損失，所有的未來和可能性都無法再實現，促使學校致力於自殺防治工作的重要原動力即是為了降低潛在損失，以及提升兒童與青少年潛在能力的發揮。學生的自殺危機一直都是棘手的議題，學校輔導諮商專業人員必須裝備知能以回應學生的需求，此外，學校輔導諮商專業人員要採取系統模式以及和多元專業工作者進行合作的取向來推動自殺防治工作，以達到降低自殺危機的同時，也能促進學生正向發展的效果。

專業倫理議題

Chapter **10** 專業倫理與
法律規範

壹、前言

《學生輔導法》第 17 條載明:「學生輔導工作相關人員……應謹守專業倫理,維護學生接受輔導專業服務之權益。」學校輔導諮商專業人員應遵守相關倫理規範,以維護學生的相關權益。本章將說明校園中常見的議題可能涉及的倫理與法律內涵。

貳、倫理準則內涵

學校輔導諮商工作受到尊重自主權、免受傷害權、受益權、公正以及忠誠於承諾等五個倫理準則的規範,這五個準則適用於所有的情境,除非與更大的原則相牴觸(Welfel, 2016)。

一、尊重自主權

此準則是指尊重每個學生的選擇權與尊嚴,學生對於學校安排的輔導措施有權利了解其目的、內容、可能的獲益與限制等資訊;有權利選擇是否參與、退出或中止。此外,隱私權是尊重自主權的一部

分,每個學生應該都有權利決定要跟他人分享哪些個人的資訊,沒有隱私權就沒有尊嚴。依此原則,學校輔導諮商專業人員須尊重學生想要維護輔導諮商內容相關資訊保密的權利。

二、免受傷害權

不要造成傷害是助人專業的最基本準則,也包含要避免可預防的風險。學校輔導諮商專業人員執行輔導諮商工作時,須善盡保護學生的責任,避免對學生造成身心傷害,例如輔導諮商專業人員有義務只使用他們熟悉且不會傷害到學生的策略,亦即要充分確認與評估處遇策略的風險。

三、受益權

受益權是指輔導諮商專業人員有責任讓所做的事是好的,能為學生帶來具體的助益,因為輔導諮商專業人員宣稱自己是「專業」的助人者,他們就有義務幫助向他們尋求服務的學生從服務中獲益。換言之,學校輔導諮商專業人員在規劃學生輔導工作計畫與選擇處遇策略時,應從學生的最佳利益以及促進學生心理健康發展來思考。

四、公正

此準則要求輔導諮商專業人員要認可所有學生的尊嚴,避免在專業作為中出現偏見,因此公正指的就是沒有歧視。換言之,學校輔導諮商專業人員應尊重學生的文化背景,不能因學生的個人特質、族群、年齡、性別、性傾向、經濟地位、身心功能狀態、學習表現、宗教信仰等而對其出現差別待遇,每個學生都有獲得被公平對待的權利。

五、忠誠於承諾

是指輔導諮商專業人員必須將學生的福祉放在最優先考量的位置。此準則相當重要，因為多數學生來求助時是處於脆弱的狀態，而輔導諮商專業人員擁有專業權力，因此必須謹慎運用因專業角色而來的力量回應學生的需求，極大化學生的福祉。

當上述五個倫理準則相衝突時，有些倫理學家認為免受傷害權是最重要的倫理準則，要優先於其他四個準則。學校輔導諮商專業人員的終極目標是要盡可能找到方法來遵守所有的倫理準則，但首要任務是要盡最大努力來查明有無任何可能性會對學生造成傷害，並加以預防與避免（Welfel, 2016）。

參、校園常見的法律與倫理議題

一、知後同意

國小與國中階段的學生均未成年，學校輔導諮商專業人員要提供相關輔導諮商措施時，應尊重家長、法定代理人或監護人的合法監護權，適時提供資訊並徵求其同意。一般而言，多數家長對於學校提供的輔導諮商措施會有所疑慮或拒絕，是因為擔心自己的孩子會被貼標籤、擔心家庭的隱私資訊會被公開揭露、擔心身為家長的親職功能被質疑或否定，或是家長正在面臨離婚或監護權官司，學校輔導諮商專業人員須就這些疑慮進行深入的了解、澄清與溝通，必要時提供更多的資訊協助家長了解輔導諮商的性質，最終要取得家長的同意（Welfel, 2016）。在實務上可行的做法包括以電話聯繫、進行家庭訪問或是召開個案會議等管道，與學生家長討論學生的狀況、可能的

輔導措施，包含目的、內容、可能的助益與限制，協助家長獲得所需的資訊。在了解這些資訊後，家長能同意學校為其孩子進行輔導諮商處遇，輔導諮商專業人員務必將這些討論的內容記錄下來。最完善的做法是經由上述管道取得家長同意後，請家長簽署一式二份的同意書，一份由家長留存，另一份則由輔導諮商專業人員歸檔於學生的輔導諮商紀錄檔案中。杜淑芬與王麗斐（2016）發現在學校輔導工作中，專任專業輔導人員可能會遇到輔導教師要求其在學生有急迫需要介入、但尚未取得家長同意書的情況下進行心理諮商的倫理困境，此時專任專業輔導人員的倫理決策是謹慎確認輔導教師確實會盡快取得家長同意書，以此前提提供學生緊急或臨時性的諮商服務。倘若要取得家長的同意書仍有困難時，專任專業輔導人員會以替代性的方式來提供協助，包括邀請家長參與評估會議後再決定是否簽署同意書、提供輔導教師或導師諮詢，討論取得同意書的可行策略。

二、保密與責任通報

《學生輔導法》第 17 條第 1 項載明：「學生輔導工作相關人員，對於因業務而知悉或持有他人之秘密，負保密義務，不得洩漏。但法律另有規定或為避免緊急危難之處置，不在此限。」說明了學校輔導工作的保密原則以及相關法律規定須通報的保密例外。保密原則是輔導諮商晤談能否順利進行的關鍵條件，保密原則能讓學生對晤談感到安全並且對輔導諮商專業人員產生信任感，進而願意自我揭露。然而，在學校系統以及多元專業合作的脈絡中，分享與討論學生的輔導諮商資訊是必要的，這也使得輔導諮商專業人員對如何拿捏資訊分享的廣度與深度面臨極大的挑戰（杜淑芬、王麗斐，2016；張曉佩，2020）。學校老師或行政人員通常會期待學校輔導諮商專業人員能以開誠布公的方式和他們溝通學生的資訊，且認為這樣的溝通才是符合

學生的最佳福祉，因此當輔導諮商專業人員不揭露與學生談話的內容時，可能會被學校教職員視為是不願意合作的，也可能削弱他們轉介學生接受輔導諮商的意願。

　　學校輔導諮商專業人員一方面期望得到同事的接納、尊重、合作與轉介學生，另一方面，他們也想在學生與家長所揭露的內容上遵守保密協定以維繫信任的輔導諮商關係，這兩者看似相互衝突，但其實有解決的方法。可行的解套方法是要與教職員或多元專業工作者進行資訊分享前，先與學生和其家長進行充分的溝通與說明，如果學生與其家長能夠充分了解跟相關的教職員和專業工作者分享資訊的潛在價值，而且他們能夠自主決定要分享哪些內容以及分享到什麼程度，這樣的做法通常會讓學生與家長同意揭露資訊。另一個解套的方法是召開個案會議，並邀請學生與家長一同參與會議，由學生和家長評估與決定在會議中要揭露哪些訊息。Welfel（2016）認為最佳的預防方法是輔導諮商專業人員提供相關的資訊或課程，協助學校教職員了解輔導諮商專業人員的角色規範是：必須取得法定監護人的授權才能揭露學生的隱私資訊，以避免違反保密原則的情況發生或讓情況變得更嚴重。

　　當學生在輔導諮商過程中揭露法律明確規定須通報的事件時，則這些資訊就不在保密的範圍內。目前台灣的《兒童及少年福利與權益保障法》第 53 條第 1 項、《家庭暴力防治法》第 50 條第 1 項、《性侵害犯罪防治法》第 8 條第 1 項、《性別平等教育法》第 21 條第 1 項、《自殺防治法》第 11 條第 1 項、《自殺防治法施行細則》第 13 條第 1 項，以及《校園霸凌防制準則》第 12 條第 1 項，均有規定學校輔導諮商專業人員進行輔導諮商工作過程中，知悉學生遇有上述各法規所規範之情事時，需在 24 小時內通報主管機關。有些學校輔導諮商專業人員擔心進行責任通報會破壞輔導諮商關係，或是傷害諮商

歷程與家庭功能。Rokop（2003）認為如果輔導諮商專業人員與個案已經建立強烈深厚的工作同盟，清楚地向個案解釋說明強制通報的內涵、歷程與必要性，對個案因要通報而出現的情緒進行同理，以及在通報之後持續給予個案支持，那麼將可以大幅降低強制性通報對輔導諮商關係的傷害。

　　為使保密原則與責任通報加以落實，學校輔導諮商專業人員開啟晤談前，須向學生及其家長清楚說明保密的性質、範圍與限制，並能輔以具體例子的說明，以協助學生和其家長了解專業用詞所指稱的實際狀況。

三、紀錄撰寫與保存

　　有些學校輔導諮商人員因為工作負荷量或其他因素，而出現拖延或沒有撰寫輔導諮商紀錄的情況，然而撰寫輔導諮商紀錄是學校輔導諮商人員的倫理責任，也是法律要求（《學生輔導法》第 9 條、《心理師法》第 15 條）。輔導諮商紀錄有其潛在價值性，其一是好的紀錄可以幫助輔導諮商專業人員對輔導諮商歷程更有反思性與規劃性，讓輔導諮商服務具延續性，進而得以提供高品質的服務給個案；其二是如果後續出現紛爭，亦即個案或其家長控告輔導諮商專業人員，則紀錄可以作為輔導諮商專業人員為自己辯護的佐證資料。如果沒有撰寫與保存適當的紀錄，會被倫理委員會或法院認定為出現不當輔導諮商服務的證據。

　　撰寫輔導諮商紀錄可以依循 Weed（1968）所提出的 SOAP 架構，此架構能協助輔導諮商專業人員掌握精簡陳述晤談重點以及客觀具體的原則，以有效率的方式完成紀錄（Cameron & Turtle-Song, 2002），說明如下。

（一）主觀性描述（Subjective）

是指個案的主觀描述，亦即個案對問題情境的主觀陳述、經驗、描述問題形成的過程等等。輔導諮商專業人員可以用「個案表示」、「個案敘述」等作為起始句，例如「個案表示自己很在意老師的評價，會為了得到老師的肯定，拼命讀書」。

（二）客觀性描述（Objective）

是輔導諮商專業人員在本次晤談過程中，對個案的客觀觀察與描述，包括個案的行為舉止、外觀、情緒表現等等，例如「個案在陳述導師提醒他第二次段考成績不理想的事情時，淚流滿面，且雙手緊緊抓住抱枕」。

（三）評估與分析（Assessment）

指輔導諮商專業人員依據輔導諮商理論、心理學知識等對個案的問題進行分析與概念化；此外也要評估個案對輔導諮商專業人員採用的技術與策略的反應，以及評估諮商關係的變化。對輔導諮商專業人員來說，此部分的內容是最難撰寫與花費時間最久的，原因在於輔導諮商專業人員對於輔導諮商理論或文獻知識的不夠精熟，難以將抽象的理論知識與個案的真實經驗加以連結後進一步理解。因此，鼓勵輔導諮商專業人員須持續精進諮商理論、心理學理論以及特殊議題研究等知識。

（四）計畫（Plan）

亦即後續的輔導諮商計畫，輔導諮商專業人員須說明後續處遇方向，包括下次晤談的優先事項、預計達成的目標、用來達成目標的策

略／技術。如果下次晤談前有應辦事項，例如聯絡家長、教師，連結資源等，也要加以記錄。

　　學校輔導諮商專業人員在蒐集相關資料與完成輔導諮商紀錄撰寫後，務必要妥善管理與保存這些資料。依據《學生輔導法施行細則》第 10 條第 1 項的規定，學生輔導資料必須自學生畢業或離校後保存十年，因此未達銷毀年限的學生輔導資料，學校輔導諮商專業人員可以用書面或電子檔案形式加以管理，並維護其保密性。

肆、結語

　　了解倫理守則內容與相關法律條文，除了能夠協助學校輔導諮商專業人員在遵守倫理與依法行事的兩大支柱下，避免落入倫理陷阱與違法的困境之外，更大的效益是能讓學校輔導諮商工作順利推動與落實。因此，建議學校輔導諮商專業人員不僅要熟讀自身所隸屬專業組織的倫理守則，同時也要熟讀相關法律條文，例如（但不限於）《學生輔導法》、《學生輔導法施行細則》、《兒童及少年福利與權益保障法》、《兒童及少年福利與權益保障法施行細則》、《家庭暴力防治法》、《家庭暴力防治法施行細則》、《性侵害犯罪防治法》、《性侵害犯罪防治法施行細則》、《自殺防治法》、《自殺防治法施行細則》、《校園霸凌防制準則》等。

Chapter **11** | 專業耗竭與
自我照顧

　　學校輔導諮商專業人員是支持學校教育宗旨的寶貴資源，幫助兒
童和青少年發展成為健康、發揮功能、有貢獻的社會成員。然而，當
學校輔導諮商專業人員長期經歷高度的工作壓力和耗竭時，這些經驗
可能會對他們所服務的學生和學校產生負面影響（Holman & Grubbs,
2018）。

　　學校輔導諮商專業人員的工作是遵循系統性的原則，這意味著他
們應該在教育組織內促進學生的心理健康，同時支持系統中的所有其
他元素（人、事、物）。換言之，輔導諮商專業人員需要在不同的活
動領域中履行許多功能，他們的日常工作涉及校內廣泛的目標人群
（校長、行政人員、教學人員、導師），以及校外相關人員（諮商心
理師、社工師和其他社區工作者），負責協助陷入困境和有特殊議題
的學生。由於其角色的複雜性，學校輔導諮商專業人員必須透過建立
清楚的專業認同和有效的自我照顧策略，來平衡個人工作和系統工
作。

貳、專業認同

　　專業認同是相當複雜和具個別性的，並且在專業工作者之間存在差異，是一個詮釋專業工作者的經驗並由許多因素形成的連續過程（Heled & Davidovitch, 2021）。專業認同是由社會對該職業的一般性看法和對該專業人員的特定看法，以及專業人員對自己的看法形塑而成。因此，專業認同的形塑取決於社會背景（例如，個人和職業的社會地位）、專業人員與他人（個案、同事和其他專業工作者）的互動，以及專業人員對自身專業經歷的詮釋。

　　專業認同又可分為集體性和個別性兩種。集體性專業認同是社會和個人對該職業的知識、態度與期望等特徵的組合，因此，從業人員和社會大眾對該職業獨特性的認識愈清晰，該職業的專業認同就愈具有凝聚力。個別性專業認同被定義為是個人自我認同的一部分，它是對「我是誰，或作為一名專業人員，我是什麼？」這個問題的答案，是實務工作者對該職業的歸屬感與認同感。集體性和個別性的專業認同會相互交織，對實務工作者來說相當重要。此外，專業認同是動態的，處於不斷構建和發展的過程中，並由社會和文化環境中的互動過程形塑而成。個別性專業認同會受到集體性認同的影響，也受到文化價值觀、期望、認知和態度的影響。這些都在職業社會化過程中被實務工作者所接受，此過程透過與專業同儕、其他專業人員和廣大公眾的互動得到增強（Heled & Davidovitch, 2021）。

　　高度的專業認同有助於提供穩定感、自信感和對自己職業的自豪感。研究顯示集體性專業認同有助於區分各個職業，並為實務工作者提供一個安全的基礎，讓他們更佳地了解自己的工作。而良好的個別性專業認同會影響一個人的工作價值觀、能力，和對該職業的了解、

專業同儕之間的團結感、責任感、倫理和道德行為以及對職業的自豪感（Gazzola & Smith, 2007; LaFleur, 2007）。

學校輔導諮商專業人員健全的專業認同使他們能夠向一起工作的其他教育工作者展示自身專業的專業內涵與意義，從而促進其他人認同此專業的重要性（Reiner & Hernandez, 2013）。研究顯示，建立輔導諮商的專業認同被認為是贏得公眾認可的必要條件（Calley & Hawley, 2008; Pistole & Roberts, 2002）。實證研究也發現學校輔導諮商專業人員的資歷，對其專業認同以及他們在該領域的功能發揮具有關鍵影響力。在初始階段，學校輔導諮商專業人員往往缺乏安全感、洞察力和對個人界限的控制，相當需要仰賴他人的指引；在其職業生涯的中期階段，學校輔導諮商專業人員往往會在理論知識以及他們理想的輔導諮商專業人員角色功能之間出現矛盾或困惑的感受；在專業生涯的後期，當學校輔導諮商專業人員非常有經驗時，他們會更有自我覺察、彈性、對自己的能力充滿信心，並且能夠辨識需要改進的地方（Alves & Gazzola, 2011）。

學校輔導諮商專業人員的個別性專業認同會直接受到職業定義的影響，由於許多國家的學校輔導諮商專業人員其角色定義非常廣泛且不明確，因此導致學校輔導諮商專業人員的專業認同尚不明確（Heled & Davidovitch, 2021）。例如在以色列進行的一項研究顯示，在以色列對學校輔導諮商專業人員的角色定義是不明確的，而且不同學校之間有不同的角色定義，這使得學校可能受到外部因素的影響而各自定義學校輔導諮商專業人員的角色，並決定他們在學校的工作內容（Guillot-Miller, 2003）。台灣的研究也發現，不明確的專業認同可能會對學校輔導諮商專業人員的工作產生負面影響，包括輔導諮商專業人員在工作中的投入和對專業的信心、職業的自豪感和穩定感、專業界限與倫理規範的遵守、對所提供服務的理解、對專業工作

的滿意度（刑志彬等，2021；謝蓮芳等，2019）。

參、專業耗竭

Maslach 等人（2001）將耗竭（burnout）定義為持續暴露於工作中的長期性情緒和人際壓力源，包括情緒上的精疲力竭、去人性化（dehumanization）以及缺乏成就感。情緒上的精疲力竭是最明顯的症狀，是對不斷增加的工作需求出現的反應，會產生超出負荷的感受，並耗盡學校輔導諮商專業人員與個案保持連結的能力。一旦感覺無法回應個案的需求，學校輔導諮商專業人員會經歷在情緒和認知上有目的性地遠離自己的工作，這種努力在自己和個案之間保持距離的現象稱為「去人性化」，最後則是個人的效能感出現被侵蝕的狀態，導致在工作上缺乏成就感。

根據工作需求—資源模式，耗竭分為兩個階段：首先，極端的工作要求會導致不間斷的努力，最終筋疲力盡；其次，因為缺乏資源來滿足這些需求，會進一步導致從專業場域中退出（Demerouti et al., 2001）。

學校輔導諮商專業人員經常遇到各種利益相關人（包括行政管理人員、教師、家長和學生）對輔導諮商專業人員角色的想法出現相互衝突的情況，這種情況稱為角色模糊。對學校輔導諮商專業人員角色模糊的研究，證實了工作超負荷和工作衝突是周期性角色模糊的前因也同時是結果（Paisley & McMahon, 2001）。因為角色模糊而被交辦非輔導諮商職責，進而導致角色衝突和工作超負荷（Holman et al., 2019），角色模糊、角色衝突和工作超負荷相互作用會進而導致學校輔導諮商專業人員的耗竭（Falls & Nichter, 2007; Holman & Grubbs,

2018; Holman et al., 2019）。角色衝突確實與學校輔導諮商專業人員的耗竭有關（Wilkerson & Bellini, 2006），文書工作和其他非輔導諮商職責也會干擾學校輔導諮商專業人員的角色內涵，亦是導致工作壓力和工作滿意度低的根源（McCarthy et al., 2010）。與學校輔導諮商專業人員工作負荷量高有關的另一個因素是大量的案件量，個案量高與學校輔導諮商專業人員的耗竭有高度相關，學校輔導諮商專業人員與學生的高人數比例，會進一步減少了本已有限的可用於為學生提供直接諮商服務的時間（Astramovich & Holden, 2002; Gunduz, 2012）。

此外，Bakker 等人（2005）發現，與主管的高品質關係對工作負荷與耗竭的影響具有緩衝作用；同樣的，認為自己對組織有高價值的學校輔導諮商專業人員，其經歷的工作相關壓力會較低，工作滿意度會較高（Rayle, 2006）。Wilkerson 與 Bellini（2006）的研究發現，學校輔導諮商專業人員與學校校長的工作關係對其是否出現專業耗竭具有影響力。Yildrim（2008）的研究也發現，校長對輔導諮商工作的支持與學校輔導諮商專業人員的耗竭之間存有顯著負相關。

學校輔導諮商專業人員的日常工作需要處理困難和危機情境，他們面臨的壓力可能會降低他們的工作滿意度、承諾和功能展現的品質。與耗竭相關的壓力源（例如：高工作量、消極的工作環境）所產生的影響，即使在壓力結束後仍可能持續存在，進而對日常健康產生負面影響，包括高血壓、過度飲食、物質濫用、失眠、焦慮等現象（Holman & Grubbs, 2018）。

肆、自我照顧的策略

　　自我照顧策略是指學校輔導諮商專業人員參與以及執行的個人活動或專業活動，而且這些活動有助於他們延伸、增進與充分享受工作經驗（Brodie, 1984），也是避免出現專業耗竭的關鍵。Wise 等人（2012）提出聚焦四個原則的自我照顧模式：（1）強調成長；（2）有意圖性的活動；（3）覺察照顧自己與照顧他人之間的交互作用；（4）有意識地將自我照顧的策略整合至日常的專業活動與個人活動中。此模式強調自我照顧不僅是要避免出現耗竭，自我照顧更是一種倫理責任。自我照顧的策略相當多元，以下列舉並具體說明透過倡導、合作與接受督導三個策略來達到自我照顧的目的與效果。

一、為專業角色進行倡導

　　從相關研究結果已經發現學校輔導諮商專業人員面臨許多組織性因素的挑戰，這可能使他們容易受到耗竭的負面影響。而學校主管可能是第一個注意到輔導諮商專業人員壓力過大的人，也是了解與這些挑戰相關的感受和擔憂的人。在學校環境中，校長可以對學校輔導諮商專業人員的角色有廣泛的影響，但校長可能很少接受關於學校輔導諮商專業人員角色和全面性學校輔導計畫的培訓或教育，這使得對學校輔導諮商專業人員的專業角色進行倡導變得更加必要（Bardhoshi et al., 2014; Lee at al., 2010）。例如學校輔導諮商專業人員可以向校方爭取在每學期期初的校務會議進行報告，向校長與全校教師清楚說明預計於這學期推動的輔導諮商方案，藉由說明方案內容，再次具體定位輔導諮商專業人員的角色與任務。

二、裝備專業合作知能

　　與多元專業進行合作對學校輔導諮商專業人員來說是重要的，了解彼此的專業責任，並共同努力實施滿足所有學生需求的全面性學校諮商計畫（Wilder, 2018）。研究顯示，與同事有正向人際關係的學校輔導諮商專業人員的離職意願較低（Greenham et al., 2019），尤其是教師、校長和家長等同儕的支持與合作可以減輕學校輔導諮商專業人員的壓力和耗竭（Acker, 2018; McCarthy et al., 2010）。

三、持續接受督導

　　學校輔導諮商專業人員認同接受專業實務督導的必要性，林淑華等人（2017）發現，學校輔導諮商專業人員期待透過接受督導來增進專業能力、獲得情緒支持與賦能感，以及提升自我覺察。相關研究也已證實學校輔導諮商專業人員可以從持續性的專業督導中受益，包括幫助他們提高知能、確保他們遵守倫理守則，並為他們服務的學生提供最優質的服務，以支持他們滿足學生日益多樣化和複雜的需求（Vallance, 2004）。專業實務督導也是幫助學校輔導諮商專業人員提高自我覺察的有效方法，如果輔導諮商專業人員要避免對個案造成潛在傷害，自我覺察是不可或缺的（Collins & Arthur, 2010; Walker, 2015）。為了讓專業實務督導發揮效果，督導者必須具備諮商督導能力，Henderson 與 Gysbers（2006）認為，擔任督導角色的人必須了解學校輔導諮商專業人員的工作職責範圍和角色。Luke 與 Bernard（2006）則提出學校諮商督導模式（School Counseling Supervision Model），認為督導過程須同時考量督導焦點（歷程化技巧、概念化技巧、個人化技巧）、督導角色（教師、諮商師、諮詢者），以及綜合性學校輔導諮商方案（大團體介入、諮商和諮詢、個別和團體建

議、計畫協調和評鑑），才能回應學校輔導諮商專業人員的督導需求。

　　接受督導對學校輔導諮商專業人員的專業成長很重要，行政督導、專業督導和同儕督導的結合將有助於學校輔導諮商專業人員持續的專業學習和成長、能力發展和完善、倫理決策，以及促進和保護個案福祉（Duncan et al., 2014）。

　　自我照顧策略相當多元，除了上述三項之外，還包括改變工作職責、使用正向的自我語言、維持個人與專業生活的平衡、與伴侶／家人相處、固定的休假、維持專業認同、有精神信仰、參與繼續教育課程、閱讀文獻以保持新知、對工作職責保有控制感等（Lawson & Myers, 2011; Stevanovic & Rupert, 2004），鼓勵學校輔導諮商專業人員持續且有意圖地在專業生活與個人生活中使用多元策略，以延續專業生涯。

伍、結語

　　輔導諮商實務工作的最大特點就是模糊與不確定性，除了需要大量的智性能力與技術能力之外，此類工作因為情緒能量的投入，往往會帶來職業傷害。持續目睹他人受苦，會讓學校輔導諮商專業人員感到精疲力竭，縱使是最有能力的人亦是，除非他有做到自我照顧。因此 Hill（2004）強力提醒學校輔導諮商專業人員，自己的身心狀態要維持良好，才能夠幫助個案變得更好。

參考文獻

● 中文部分

王翊涵（2020）。諮商心理師多元文化諮商的實踐探究：以新住民女性諮商為例。**中華輔導與諮商學報，58**，127-159。https://doi.org/10.3966/1728518620 20050058004

王麗斐、杜淑芬、趙曉美（2008）。國小駐區諮商師有效諮商策略之探索性研究。**教育心理學報，39**（3），413-434。https://doi.org/10.6251/BEP.20070808

王麗斐、李佩珊、趙容嬋、柯今尉（2018）。臺灣輔導的基石：學校輔導工作六十年的回顧與展望。載於蕭文、田秀蘭（主編），**臺灣輔導一甲子**（3-98頁）。心理。

刑志彬、許哲修、田秀蘭、許育光（2021）。具備心理師證照之國中小專任輔導教師專業認同內涵探究。**教育心理學報，53**（1），37-60。https://doi.org/10.6251/BEP.202109_53(1).0002

宋宥賢（2017）。如何促進校園霸凌防制效益再現：臺灣校園霸凌防制之反思與建議。**新社會政策，54**，70-79。

李佩珊（2019）。Bronfenbrenner 生態系統理論的近期發展與應用。**輔導季刊，55**（3），14-24。

李佩珊（2021）。以「學校為本位」自殺防治計畫之探究。**學生事務與輔導，60**（3），25-40。https://doi.org/10.6506/SAGC.202112_60(3).0004

杜淑芬、王麗斐（2016）。諮商心理師與國小學校輔導行政人員跨專業合作面臨的諮商倫理議題與因應策略——以台北市駐區心理師方案為例。**臺灣諮商心理學報，4**（1），63-86。

沈瓊桃（2010）。暴力的童年、堅韌的青年：目睹婚暴暨受虐青年復原力之探討。**中華輔導與諮商學報，27**，115-160。https://doi.org/10.7082/CJGC.201003.0115

林淑君（2018）。生態系統取向班級輔導活動設計實施與成效：以建立班級友善

氣氛為例。**中華輔導與諮商學報，52**，81-112。https://doi.org/10.3966/17285
1862018080052004

林淑君、王麗斐（2013）。君子不器：諮商心理師與校長合作推動初級發展性輔
　　導工作的經驗分享。**輔導季刊，49**（3），19-27。

林淑君、王麗斐（2017）。偏鄉青少年完成高中職學業的促進因素研究：以某
　　偏鄉國中畢業生為例。**當代教育研究季刊，25**（4），127-171。https://doi.
　　org/10.6151/CERQ.2017.2504.04

林淑華、田秀蘭、吳寶嘉（2017）。高中職輔導教師工作困境、因應方式與督導
　　需求初探。**家庭教育與諮商學刊，20**，87-116。

張曉佩（2016）。心理衛生專業工作者的合作共治。**輔導季刊，52**（1），67-
　　76。

張曉佩（2020）。探討多元專業工作者於兒少保護家庭暴力案件之合作共治模
　　式。**中華輔導與諮商學報，57**，17-49。https://doi.org/10.3966/172851862020
　　010057002

教育部（2014）。**學生輔導法**。

教育部（2020）。**校園霸凌防制準則**。

教育部（2022）。**中輟學生數統計**。教育部統計處。https://eds.moe.gov.tw/edust/
　　webMain.aspx?sys=100&funid=eduout&funid2=B030803&cycle=4&outkind=
　　1&outmode=8&defmk=1&outkind=1&fldlst=1111&codlst0=1&codlst1=1&dfk
　　nd=1212

許育光（2020）。主編的話：兒童諮商與親師諮詢──生態系統觀點的實務與研
　　究反思。**中華輔導與諮商學報，57**，1-16。https://doi.org/10.3966/172851862
　　020010057001

陳杏容（2022）。兒少經歷家庭經濟困境者於成年初顯期的復原力經驗探究。**東
　　吳社會工作學報，42**，93-122。

游以安、姜兆眉（2017）。助人專業合作的鏡映與省思：從社工師觀點看諮商心
　　理師於學校輔導場域的專業實踐。**輔導與諮商學報，38**（2），53-73。

衛生福利部（2022）。**死因統計**。衛生福利部統計處。https://dep.mohw.gov.tw/
　　DOS/lp-5069-113.html

謝文瑄（2020）。**從生態系統觀探討國中校園關係霸凌保護者角色之形塑**〔未出
　　版之碩士論文〕。國立臺中教育大學。

謝政廷（2016）。暗夜裡哭泣的天使──從性平議題個案談學校輔導的系統合作。**輔導季刊，52**（3），11-17。

謝蓮芳、古書語、王振世（2019）。國小輔導教師的工作壓力、專業承諾與輔導自我效能之相關研究。**輔導季刊，55**（4），15-26。

龔心怡、李靜儀（2015）。影響國中經濟弱勢學生之學業表現與中輟傾向之因素：「脈絡─自我─行動─結果」之動機發展自我系統模式為取向。**教育科學研究期刊，60**（4），55-92。https://doi.org/10.6209/JORIES.2015.60(4).03

● 西文部分

Abrams, M. S. (2001). Resilience in ambiguous loss. *American Journal of Psychotherapy, 55*(2), 283-291. https://doi.org/10.1176/appi.psychotherapy.2001.55.2.283

Acker, G. M. (2018). Self-care practices among social workers: Do they predict job satisfaction and turnover intention? *Social Work in Mental Health, 16*(6), 713-727. https://doi.org/10.1080/15332985.2018.1494082

Alves, S., & Gazzola, N. (2011). Professional identity: A qualitative inquiry of experienced counsellors. *Canadian Journal of Counselling and Psychotherapy, 45*(3), 189-207.

American School Counselor Association [ASCA]. (2012). *The ASCA national model: A framework for school counseling programs* (3rd ed.). Author.

Anderson-Butcher, D., & Ashton, D. (2004). Innovative models of collaboration to serve children, youths, families, and communities. *Children & Schools, 26*(1), 39-53. https://doi.org/10.1093/cs/26.1.39

Armstrong, S. A., MacDonald, J. H., & Stillo, S. (2010). School counselors and principals: Different perceptions of relationship, leadership, and training. *Journal of School Counseling, 8*, 1-27.

Astramovich, R. L., & Holden, J. M. (2002). Attitudes of American School Counselor Association members toward utilizing paraprofessionals in school counseling. *Professional School Counseling, 5*(3), 203-210.

Aymer, S. R. (2010). Intimate partner abuse: A case study involving a father and a son. *Clinical Case Studies, 9*, 3-17. https://doi.org/10.1177/1534650109347368

Baker, J. A., Grant, S., & Morlock, L. (2008). The teacher-student relationship as a developmental context for children with internalizing or externalizing behavior problems. *School Psychology Quarterly, 23*, 3-15. https://psycnet.apa.org/doi/10.1037/1045-3830.23.1.3

Baker, L., & Cunningham, A. (2009). Inter-parental violence: The pre-schooler's perspective and the educator's role. *Early Childhood Education Journal, 37*, 199-207. https://doi.org/10.1007/s10643-009-0342-z

Bakker, A. B., Demerouti, E., & Euwema, M. C. (2005). Job resources buffer the impact of job demands on burnout. *Journal of Occupational Health Psychology, 10*, 170-180. https://psycnet.apa.org/doi/10.1037/1076-8998.10.2.170

Bandura, A. (1986). *Social foundations of thought and action: A social cognitive theory*. Prentice Hall.

Bardhoshi, G., Schweinle, A., & Duncan, K. (2014). Understanding the impact of school factors on school counselor burnout: A mixed-methods study. *The Professional Counselor, 4*, 426-443. https://doi.org/10.15241/gb.4.5.426

Barzilay, S., & Apter, A. (2014). Psychological models of suicide. *Archives of Suicide Research, 18*, 295-312. https://doi.org/10.1080/13811118.2013.824825

Battle, J., & Scott, B. M. (2000). Mother-only versus father-only households: Educational outcomes for African American males. *Journal of African American Men, 5*(2), 93-116.

Becnel, A. T., Range, L., & Remley, T. P., Jr. (2021). School counselors' exposure to student suicide, suicide assessment self-efficacy, and workplace anxiety: Implications for training, practice, and research. *Professional Counselor, 11*(3), 327-339.

Bell, L. A. (2016). Theoretical foundations for social justice education. In M. Adams, L. A. Bell, D. J. Goodman, & K. Y. Joshi (Eds.), *Teaching for diversity and social justice* (3rd ed., pp. 3-26). Routledge.

Bemak, F., & Chung, R. C.-Y. (2008). New professional roles and advocacy strategies for school counselors: A multicultural/social justice perspective to move past the nice counselor syndrome. *Journal of Counseling and Development, 86*, 372-381. https://doi.org/10.1002/j.1556-6678.2008.tb00522.x

Berger, E., Hasking, P., & Reupert, A. (2014). 'We're working in the dark here': Education needs of teachers and school staff regarding student self-injury. *School Mental Health, 6*, 201-212.

Berryman, C., Ferguson, C. J., & Negy, C. (2017). Social media use and mental health among young adults. *Psychiatry Quarterly, 89*, 307-314. https://doi.org/10.1007/s11126-017-9535-6

Betsch, C., Wieler, L. H., & Habersaat, K. (2020). Monitoring behavioral insights related to COVID-19. *The Lancet, 395*(10232), 1255-1256. https://doi.org/10.1016/S0140-6736(20)30729-7

Betz, G., & Thorngren, J. M. (2006). Ambiguous loss and the family grieving process. *The Family Journal: Counseling and Therapy for Couples and Families, 14*(4), 359-365. https://doi.org/10.1177/1066480706290052

Bjerk, D. (2012). Re-examining the impact of dropping out on criminal and labor outcomes in early adulthood. *Economics of Education Review, 31*, 110-122. https://doi.org/10.1016/j.econedurev.2011.09.003

Black, M. C. (2011). Intimate partner violence and adverse health consequences: Implications for clinicians. *American Journal of Lifestyle Medicine, 5*(5), https://doi.org/10.1177/1559827611410265

Bockneck, E. L., Sanderson, J., & Britner, IV, P. A. (2009). Ambiguous loss and posttraumatic stress in school-age children of prisoners. *Journal of Child and Family Studies, 18*(3), 323-333. https://psycnet.apa.org/doi/10.1007/s10826-008-9233-y

Bodenhorn, N. (2005). American School Counsellor Association ethical code changes relevant to family work. *Family Journal: Counseling and Therapy for Couples and Families, 13*(3), 317-320. https://doi.org/10.1177/1066480705276292

Borman, G. D., & Overman, L. T. (2004). Academic resilience in mathematics among poor and minority students. *The Elementary School Journal, 104*, 177-195. https://psycnet.apa.org/doi/10.1086/499748

Bornstein, D. (2013, November 13). Schools that separate the child from the trauma. *The New York Times*. Retrieved from https://archive.nytimes.com/opinionator.blogs.nytimes.com/2013/11/13/separating-the-child-from-the-trauma/

Boss, P., & Yeats, J. R. (2014). Ambiguous loss: A complicated type of grief when loved ones disappear. *Bereavement Care, 33*(2), 63-69. https://doi.org/10.1080/02 682621.2014.933573

Boss, P. (2002). Ambiguous loss in families of the missing. *The Lancet Supplement, 360*, 39-40. https://doi.org/10.1016/S0140-6736(02)11815-0

Boss, P. (2006). *Loss, trauma, and resilience: Therapeutic work with ambiguous loss.* Norton & Co.

Boss, P. (2010). The trauma and complicated grief of ambiguous loss. *Pastoral Psychology, 59*(2), 137-145. https://doi.org/10.1007/s11089-009-0264-0

Boss, P., & Carnes, D. (2012). The myth of closure. *Family Process, 51*(4), 456-469. https://doi.org/10.1111/famp.12005

Briere, J. N., & Scott, C. (2015). *Principles of trauma therapy: A guide to symptoms, evaluation, and treatment, DSM-5 update* (2nd ed.). Sage.

Brodie, J. D. (1984). Career sustaining behaviors in psychotherapists: Interpersonal and intrapersonal support systems. *Dissertation Abstracts International, 44*(8-B), 2547-2548.

Bronfenbrenner, U. (1979). Contexts of child rearing: Problems and prospects. *American Psychologist, 34*(10), 844-850. https://doi.org/10.1037/0003-066X.34.10.844

Bronfenbrenner, U. (1986). Ecology of the family as a context for human development: Research perspectives. *Developmental Psychology, 22*(6), 723-742. https://doi.org/10.1037/0012-1649.22.6.723

Bronfenbrenner, U., & Evans, G. W. (2000). Developmental science in the 21st century: Emerging questions, theoretical models, research designs and empirical findings. *Social Development, 9*(1), 115-125. https://doi.org/10.1111/1467-9507.00114

Bronfenbrenner, U., & Morris, P. A. (1998). The ecology of development processes. In W. Damon (Series Ed.) & R. M. Lerner (Vol. Ed.), *Handbook of child psychology, Vol. 1: Theoretical models of human development* (pp. 993-1027). Wiley.

Bronfenbrenner, U., & Morris, P. A. (2006). The bioecological model of human development. In W. Damon (Series Ed.) & R. M. Lerner (Vol. Ed.), *Handbook of child psychology, Vol. 1: Theoretical models of human development* (6th ed., pp. 793-828). Wiley.

Brown, E. C., & Coker, A. D. (2019). Promoting the resiliency of African American teens experiencing ambiguous loss. *The Journal for Specialists in Group Work, 44*(4), 286-299. https://doi.org/10.1080/01933922.2019.1669751

Bryan, J., & Henry, L. (2008). Strengths-based partnerships: A school–family–community partnership approach to empowering students. *Professional School Counseling, 12*, 149-156. https://doi.org/10.1177/2156759X080 1200202

Bryan, J., & Henry, L. (2012). A model for building school–family–community partnerships: Principles and process. *Journal of Counseling & Development, 90*, 408-420. https://doi.org/10.1002/j.1556-6676.2012.00052.x

Bryan, J., Griffin, D., & Henry, L. (2013). School–family–community partnerships for promoting college readiness and access. In NACAC (Ed.), *Fundamentals of college admission counseling* (3rd ed.). National Association of College Admission Counseling.

Burns, M. K. (2013). Contextualizing school psychology research and practice: Introducing featured research commentaries. *School Psychology Review, 42*, 334-342. https://doi.org/10.1080/02796015.2013.12087477

Burns, M. K., Warmbold-Brann, K., & Zaslofsky, A. F. (2015). Ecological systems theory in *School Psychology Review. School Psychology Review, 44*(3), 249-261. https://doi.org/10.17105/spr-15-0092.1

Callaghan, J. E. M., Alexander, J. H., Sixsmith, J., & Chiara Fellin, L. (2018). Beyond "Witnessing": Children's experiences of coercive control in domestic violence and abuse. *Journal of Interpersonal Violence, 33*(10), 1551-1581. https://doi.org/10.1177/0886260515618946

Calley, N. G., & Hawley, L. D. (2008). The professional identity of counselor educators. *The Clinical Supervisor, 27*(1), 3-16. https://doi.org/10.1080/07325 220802221454

Cameron, S., & Turtle-Song, I. (2002). Learning to write case notes using the SOAP format. *Journal of Counseling and Development, 80*(3), 286-292. https://doi.org/10.1002/j.1556-6678.2002.tb00193.x

Campbell, C. (2003). *Letting them die: Why hiv/aids prevention programs fail.* Indiana

University Press.

Campbell, S., Stowe, K., & Ozanne, E. (2011). Interprofessional practice and decision support: An organizational framework applied to a mental health setting. *Journal of Interprofessional Care, 25*, 423-427. https://doi.org/10.3109/13561820.2011.62 1768

Canadian Interprofessional Health Collaborative. (2010). *A national interprofessional competency framework*. Retrieved from http://www.cihc.ca/files/CIHC_ IPCompetencies

Carlson, C., & Christenson, S. L. (2005). Evidence-based parent and family interventions in school psychology: Overview and procedures. *School Psychology Quarterly, 20*(4), 345-351. https://doi.org/10.1521/scpq.2005.20. 4.345

Carlson, J., Voith, L., Brown, J. C., & Holmes, M. (2019). Viewing children's exposure to intimate partner violence through a developmental, social-ecological, and survivor lens: The current state of the field, challenges, and future directions. *Violence Against Women, 25*(1), 6-28. https://doi.org/10.1177/1077801218816187

Carney, M. M., & Buttell, F. (2003). Reducing juvenile recidivism: Evaluating the wraparound services model. *Research on Social Work Practice, 13*, 551-568. https://doi.org/10.1177/1049731503253364

Catapano, J. (2018). *Teaching strategies: The importance of empathy*. Retrieved from http://www.teachhub.com/teaching-strategies-importance-empathy

Centers for Disease Control and Prevention [CDC]. (2017). *The social-ecological model: A framework for prevention*. Retrieved from https://www.cdc.gov/ violenceprevention/overview/socialecologicalmodel.html

Chan, M. K., Bhatti, H., Meader, N., Stockton, S., Evans, J., O'Connor, R. C., Kapur, N., & Kendall, T. (2016). Predicting suicide following self-harm: Systematic review of risk factors and risk scales. *The British Journal of Psychiatry, 209*, 277-283. https://doi.org/10.1192/bjp.bp.115.170050

Chester, C., Jones, D. J., Zalot, A., & Sterrett, E. (2007). The psychosocial adjustment of African American youth from single mother homes: The relative contribution of parents and peers. *Journal of Clinical Child & Adolescent Psychology, 36*, 356-366. https://doi.org/10.1080/15374410701444306

Children's Commissioner. (2018). *"Are they shouting because of me?": Voices of children living in households with domestic abuse. parental substance misuse and mental health issues*. Children's Commissioner for England.

Chiles, J. A., & Strosahl, K. D. (2005). *Clinical manual for assessment and treatment of suicidal patients*. American Psychiatric Press.

Choi, S., & Lemberger, M. E. (2010). Influence of a supervised mentoring program on the achievement of low-income South Korean students. *Mentoring & Tutoring: Partnership in Learning, 18*, 233-248. https://doi.org/10.1080/13611267.2010.492939

Christenson, S. L., Reschly, A. L., & Wylie, C. (Eds). (2012). *Handbook of research on student engagement*. Springer.

Christenson, S. L., Sinclair, M. F., Lehr, C. A., & Godber, Y. (2001). Promoting successful school completion: Critical conceptual and methodological guidelines. *School Psychology Quarterly, 16*, 468-484. https://psycnet.apa.org/doi/10.1521/scpq.16.4.468.19898

Chu, C., Klein, K. M., Buchman-Schmitt, J. M., Hom, M. A., Hagan, C. R., & Joiner, T. E. (2015). Routinized assessment of suicide risk in clinical practice: An empirically informed update. *Journal of Clinical Psychology, 71*, 1186-1200. https://doi.org/10.1002/jclp.22210

Cicchetti, D., & Valentino, K. (2006). An ecological-transactional perspective on child maltreatment: Failure of the average expectable environment and its influence on child development. In D. Cichetti & D. J. Cohen (Eds.), *Risk, disorder, and adaptation* (Vol. 3, pp.129-201). Wiley.

Cisler, A., & Bruce, M. A. (2013). Principals: What are their roles and responsibilities? *Journal of School Counseling, 11*(10), 1-27.

Clarke, B. L., Sheridan, S. M., & Woods, K. E. (2009). Elements of healthy family-school relationships. In S. L. Christenson & A. L. Reschly (Eds.), *Handbook of school-family partnerships* (pp. 61-79). Routledge.

Cole, S. F., Eisner, A., Gregory, M., & Ristuccia, J. (2013). *Helping traumatized children learn: Creating and advocating for trauma sensitive schools* (Vol. 2). Massachusetts Advocates for Children.

Collins, S., & Arthur, N. (2010). Self-awareness and awareness of client cultural identities. In N. Arthur & S. Collins (Eds.), *Culture-infused counselling* (2nd ed., pp. 67-102). Counselling Concepts.

Conger, R. D., Conger, K. J., & Martin, M. J. (2010). Socioeconomic status, family processes, and individual development. *Journal of Marriage & Family, 72*, 685-704. https://doi.org/10.1111/j.1741-3737.2010.00725.x

Constantine, M. G. (2000). Social desirability attitudes, sex, and affective and cognitive empathy as predictors of self-reported multicultural counseling competence. *The Counseling Psychologist, 28*(6), 857-872. https://doi.org/10.1177/0011000000 286008

Corr, C. A. (2010). Children, development, and encounters with death, bereavement, and coping. In C. A. Corr & D. A. Balk (Eds.), *Children's encounters with death, bereavement, and coping* (pp. 3-19). Springer.

Courtois, C. A. (2004). Complex trauma, complex reactions: Assessment and treatment. *Psychotherapy: Theory, Research, Practice, Training, 41*(4), 412-425. https://doi.org/10.1037/0033-3204.41.4.412

Craig, S. E. (2016). The trauma-sensitive teacher. *Educational Leadership, 74*, 28-32.

Cramer, R. J., & Kapusta, N. D. (2017). A social-ecological framework of theory, assessment, and prevention of suicide. *Frontiers in Psychology, 8*, 1756. https://doi.org/10.3389/fpsyg.2017.01756

Crook, T. M., Stenger, S., & Gesselman, A. (2015). Exploring perceptions of social justice advocacy competence among school counselors. *Journal of Counselor Leadership and Advocacy, 2*(1), 65-79. https://doi.org/10.1080/2326716X.2014. 996831

Dameron, M. L., Camp, A., Friedmann, B., & Parikh-Foxx, S. (2020). Multicultural education and perceived multicultural competency of school counselors. *Journal of Multicultural Counseling and Development, 48*, 176-190. https://doi.org/10.1002/jmcd.12176

D'Amour, D., & Oandasan, I. (2005). Interprofessionality as the field of inter-professional practice and interprofessional education: An emerging concept. *Journal of Interprofessional Care, 19* (Suppl. 1), 8-20. https://doi.org/10.1080/

13561820500081604

Davidson, C. L., Wingate, L. R., Slish, M. L., & Rasmus, K. A. (2010). The great Black hope: Hope and its relation to suicide risk among African Americans. *Suicide and Life-Threatening Behavior, 40*(2), 170-180. https://doi.org/10.1521/ suli.2010.40.2.170

Davis, M., Herzog, L., & Legters, N. (2013). Organizing schools to address early warning indicators (EWIs): Common practices and challenges. *Journal of Education for Students Placed at Risk, 18*, 84-100. https://doi.org/10.1080/108246 69.2013.745210

Demerouti, E., Nachreiner, F., Bakker, A. B., & Schaufeli, W. B. (2001). The job demands-resources model of burnout. *Journal of Applied Psychology, 86*, 499-512. https://doi.org/10.1037/0021-9010.86.3.499

Dixon, A. L., & Tucker, C. (2008). Every student matters: Enhancing strengths-based school counseling through the application of mattering. *Professional School Counseling, 12*, 123-126. https://doi.org/10.1177/2156759X0801200 205

Doka, K. J. (1989). *Disenfranchised grief: Recognising hidden human sorrow.* Lexington Books.

Doka, K. J. (2010). Grief, illness and loss. In M. Kerman (Ed.), *Clinical pearls of wisdom* (pp. 93-103). Norton.

Doka, K. J., & Neimeyer, R. A. (2012). Orchestrating social support. In R. A. Neimeyer (Ed.), *Techniques of grief therapy: Creative practices for counseling the bereaved* (pp. 315-317). Routledge.

Doll, B., Spies, R., & Champion, A. (2012). Contributions of ecological school mental health services to students' academic success. *Journal of Educational and Psychological Consultation, 22*, 1-2, 44-61. https://doi.org/10.1080/10474412.201 1.649642

Dorsey, S., Forehand, R., & Brody, G. (2007). Coparenting conflict and parenting behavior in economically disadvantaged single parent African American families: The role of maternal psychological distress. *Journal of Family Violence, 22*, 621-630. https://doi.org/10.1007/s10896-007-9114-y

Dowling, S., & Doyle, L. (2017). Responding to self-harm in the school setting: The experience of guidance counsellors and teachers in Ireland. *British Journal of Guidance & Counselling, 45*(5), 583-592. https://doi.org/10.1080/03069885.2016. 1164297

Doyle, A. (2017). *Conflict resolution skills list and examples.* Retrieved from https://www.thebalance.com/conflict-resolutions-skills-2063739

Doyle, L., Treacy, M. P., & Sheridan, A. (2015). Self-harm in young people: Prevalence, associated factors and help-seeking in school-going adolescents. *International Journal of Mental Health Nursing, 24*(6), 485-494. https://doi.org/10.1111/inm.12144

Dube, S. R., Anda, R. F., Felitti, V. J., Chapman, D. P., Williamson, D. F., & Giles, W. H. (2001). Childhood abuse, household dysfunction, and the risk of attempted suicide throughout the life span, findings from the adverse childhood experiences study. *JAMA, 286*, 3089-3096. https://doi.org/10.1001/jama.286.24.3089

Duncan, K., Brown-Rice, K., & Bardhoshi, G. (2014). Perceptions of the importance and utilization of clinical supervision among certified rural school counselors. *The Professional Counselor, 4*, 444-454. https://doi.org/10.15241/kd.4.5.444

Ellis, J., Downe, S., Farrelly, N., Hollinghurst, S., & Stanley, N. (2015). School-based prevention and the disclosure of domestic violence. In N. Stanley & C. Humphreys (Eds.), *Domestic violence and protecting children, new thinking and approaches* (pp. 50-62). Jessica Kingsley Publishers.

Epstein, J. L., & Van Voorhis, F. L. (2010). School counselors' roles in developing partnerships with families and communities for student success. *Professional School Counseling, 14*, 1-14. https://doi.org/10.1177/2156759X1001400102

Erford, B. T., & Hays, D. G. (2018). *Developing multicultural counseling competence: A systems approach* (3rd ed.). Pearson.

Etherington, N., & Baker, L. (2018). From 'Buzzword' to best practice: Applying intersectionality to children exposed to intimate partner violence. *Trauma Violence Abuse, 19*, 58-75. https://doi.org/10.1177/1524838016631128

Falls, L., & Nichter, M. (2007). The voices of high school counselors: Lived experience of job stress. *Journal of School Counseling, 5*, 1-32.

Feinberg, T., & Robey, N. (2009). Cyberbullying: Intervention and prevention strategies. *National Association of School Psychologists, 38*, S4H15-1-S4H15-4.

Fong, V. C., Hawes, D., & Allen, J. L. (2019). A systematic review of risk and protective factors for externalizing problems in children exposed to intimate partner violence. *Trauma, Violence, & Abuse, 20*(2), 149-167. https://doi.org/10.1177/1524838017692383

Foss-Kelly, L. L., Generali, M. M., & Kress, V. E. (2017). Counseling strategies for empowering people living in poverty: The I-CARE model. *Journal of Multicultural Counseling and Development, 45*(3), 201-213. https://doi.org/10.1002/jmcd.12074

Fowler, J. C. (2012). Suicide risk assessment in clinical practice: Pragmatic guidelines for imperfect assessments. *Psychotherapy, 49*, 81-90. https://doi.org/10.1037/a0026148

Fredland, N. M., Campbell, J. C., & Han, H. (2008). Effect of violence exposure on health outcomes among young urban adolescents. *Nursing Research, 57*, 157-165. https://doi.org/10.1097/01.NNR.0000319493.21628.c6

Fuller-Thomson, E., Mehta, R., & Valeo, A. (2014). Establishing a link between attention deficit disorder/attention deficit hyperactivity disorder and childhood physical abuse. *Journal of Aggression, Maltreatment & Trauma, 23*, 188-198. https://doi.org/10.1080/10926771.2014.873510

Gailer, J., Addis, S., & Dunlap, L. (2018). *National dropout prevention center trauma-skilled schools model.* Retrieved from http://dropoutprevention.org/wpcontent/uploads/2018/10/Trauma-Skilled-Schools-Model-Final-I.pdf

Galea, S., Merchant, R. M., & Lurie, N. (2020). The mental health consequences of COVID-19 and physical distancing: The need for prevention and early intervention. *JAMA Internal Medicine, 180*(6), 817-818. https://doi.org/10.1001/jamainternmed.2020.1562

Gallo, L. L., Rausch, M. A., Beck, M. J., & Porchia, S. (2021). Elementary school counselors' experiences with suicidal students. *Journal of Child and Adolescent Counseling, 7*(1), 26-41. https://doi.org/10.1080/23727810.2020.1835419

Gamino, L. A. (2012). Opening the family photo album. In R. A. Neimeyer (Ed.), *Techniques of grief therapy: Creative practices for counseling the bereaved* (pp. 231-233). Routledge.

Garandeau, C. F., Vartio, A., Poskiparta, E., & Salmivalli, C. (2016). School bullies' intention to change behavior following teacher interventions: Effects of empathy arousal, condemning of bullying, and blaming of the perpetrator. *Prevention Science, 17* (8), 1034-1043. https://doi.org/10.1007/s11121-016-0712-x

Garrido, E. F., & Taussig, H. N. (2013). Do parenting practices and prosocial peers moderate the association between intimate partner violence exposure and teen dating violence?. *Psychology of Violence, 3*, 354-366. https://psycnet.apa.org/doi/10.1037/a0034036

Gazzola, N., & Smith, J. D. (2007). Who do we think we are?: A survey of counsellors in Canada. *International Journal for the Advancement of Counselling, 29*(2), 97-110. https://doi.org/10.1007/s10447-007-9032-y

Geller, A., Cooper, C. E., Garfinkel, I., Schwartz-Soicher, O., & Mincy, R. B. (2012). Beyond absenteeism: Father incarceration and child development. *Demography, 49*, 49-76. https://doi.org/10.1007/s13524-011-0081-9

Georgiou, S. N. (2008). Bullying and victimization at school: The role of mothers. *British Journal of Educational Psychology, 78*, 109-125. https://doi.org/10.1348/000709907X204363

Gerwig-Parker, L. A., Tromski-Klingshirn, D., Kolssak, R., & Miller, J. D. (2020). Cyberbullying and Ohio schools: A social justice framework to understand and create change. *Leadership and Research in Education, 5*(2), 50-77.

Godbout, N., Daspe, M.-È., Lussier, Y., Sabourin, S., Dutton, D., & Hébert, M. (2017). Early exposure to violence, relationship violence, and relationship satisfaction in adolescents in early adults: The role of romantic attachment. *Psychological Trauma: Theory, Research, Practice, and Policy, 9*, 127-137. https://psycnet.apa.org/doi/10.1037/tra0000136

Goforth, A. N., Pham, A. V., Chun, H., & Castro-Olivo, S. (2017). Acculturation and sociocultural factors in children's mental health services: Applying multicultural consultation frameworks. *Journal of Educational and Psychological Consultation, 27*(3), 239-244. https://doi.org/10.1080/10474412.2016.1275650

Golish, T. D., & Powell, K. A. (2003). 'Ambiguous loss': Managing the dialectics of grief associated with premature birth. *Journal of Social and Personal Relationships,*

20(3), 309-334. https://doi.org/10.1177/0265407503020003003

Gordan, S. (2019). *8 reasons why kids cyberbully others*. Retrieved from https://www. verywellfamily.com/reasons-why-kids-cyberbully-others-460553

Gordon, D. M., Iwamoto, D. K., Ward, N., Potts, R., & Boyd, E. (2009). Mentoring urban black middle school male students: Implications for academic achievement. *Journal of Negro Edcation, 78*, 277-289.

Goreczny, A. J., Hamilton, D., Lubinski, L., & Pasquinelli, M. (2015). Exploration of counselor self-efficacy across academic training. *The Clinical Supervisor, 34*(1), 78-97. https://doi.org/10.1080/07325223.2015.1012916

Granello, P. F., & Zyromski, B. (2019). Developing a comprehensive school suicide prevention program. *Professional School Counseling, 22*(1). 1-11. https://doi. org/10.1177/2156759X18808128

Greenham, J. C. M., Harris, G. E., Hollett, K. B., & Harris, N. (2019). Predictors of turnover intention in school guidance counsellors. *British Journal of Guidance & Counselling, 47*(6), 727-743. https://doi.org/10.1080/03069885.2019.1644613

Greenleaf, A. T., & Williams, J. M. (2009). Supporting social justice advocacy: A paradigm shift towards an ecological perspective. *Journal for Social Action in Counseling and Psychology, 2*(1), 1-14. https://doi.org/10.33043/JSACP.2.1.1-14

Green-Powell, P. A., Hilton, A. A., & Joseph, C. L. (2011). Creating collaborative partnership with local churches to improve academic performance of K-12 public schools. *US-China Education Review, 8*, 64-69.

Gruman, D. H., Marston, T., & Koon, H. (2013). Bringing mental health needs into focus through school counseling program transformation. *Professional School Counseling, 16*(5), 333-341. https://doi.org/10.1177/2156759X1201600506

Guidry, K., Simpson, C., Test, T., & Bloomfield, C. (2013). Ambiguous loss and its effects on children: Implications and interventions for school counselors. *Journal of School Counseling, 11*(15), 1-19.

Guillot-Miller, I. M. (2003). *School counselor preparation, supervision and professional identity* [Unpublished doctoral dissertation]. University of New Orleans.

Gunduz, B. (2012). Self-efficacy and burnout in professional school counselors.

Educational Sciences: Theory & Practice, 12, 1761-1767.

Gustafsson, H. C., Coffman, J. L., & Cox, M. J. (2015). Intimate partner violence, maternal sensitive parenting behaviors, and children's executive functioning. *Psychology of Violence, 5*, 266-274. https://psycnet.apa.org/doi/10.1037/a0037971

Gutkin, T. B. (2009). Ecological school psychology: A personal opinion and a plea for change. In T. B. Gutkin & C. R. Reynolds (Eds.), *The handbook of school psychology* (4th ed., pp. 463-496). Wiley.

Gutkin, T. B. (2012). Ecological psychology: Replacing the medical model paradigm for school-based psychological and psychoeducational services. *Journal of Educational and Psychological Consultation, 22*(1-2), 1-20. https://doi.org/10.108 0/10474412.2011.649652

Haas, A. P., Eliason, M., Mays, V. M., Mathy, R. M., Cochran, S. D., D'Augelli, A. R., Silverman, M. M., Fisher, P. W., Hughes, T., Rosario, M., Rusell, S. T., Malley, E., Reed, J., Litts, D. A., Haller, E., Sell, R. L., Remafedi, G., Bradford, J., Beautrais, A. L., Brown, G. K. et al. (2011). Suicide and suicide risk in lesbian, gay, bisexual, and transgender populations: Review and recommendations. *Journal of Homosexuality, 58*, 10-51. https://doi.org/10.1080/00918369.2011.534038

Hammond, C., Linton, D., Smink, J., & Drew, S. (2007). *Dropout risk factors and exemplary programs: A technical report*. Clemson, SC: National Dropout Prevention Center, Communities in Schools, Inc. Retrieved from http://dropoutprevention.org/resources/researchreports/dropout-risk-factors-and-exemplary-programs-a-technicalreport/

Hartung, E. (2018). *The 10 warning signs of cyberbullying*. Retrieved from https://www.netnanny.com/blog/the-10-warning-signs-of-cyberbullying/

Haugen, J. S., Waalkes, P. L., & Lambie, G. W. (2021). A national survey of school counselors' experiences with student death by suicide. *Professional School Counseling, 25*(1). https://doi.org/10.1177/2156759X21993804

Heled, E., & Davidovitch, N. (2021). Personal and group professional identity in the 21st century "Case study: The school counseling profession". *Journal of Education and Learning, 10*(3), 64-82. https://doi.org/10.5539/jel.v10n3p64

Henderson, P., & Gysbers, N. C. (2006). *Providing administrative and counseling supervision for counselors*. Retrieved from https://www.counseling.org/ knowledge-center/vistas/by-subject2/vistas-professional-development/docs/ default-source/vistas/providing-administrative-and-counseling-supervision-for-school-counselors

Henry, L. M., Bryan, J., & Zalaquett, C. P. (2017). The effects of a counselor-led, faith-based, school-family-community partnership on student achievement in a high-poverty urban elementary school. *Journal of Multicultural Counseling and Development, 45*(3), 162-182. https://doi.org/10.1002/jmcd.12072

Hill, N. R. (2004). The challenges experienced by pretenured faculty members in counselor education: A wellness perspective. *Counselor Education and Supervision, 44*(2), 135-146. https://doi.org/10.1002/j.1556-6978.2004.tb01866.x

Hinduja, S., & Patchin, J. W. (2012). *Cyberbullying prevention and response.* Routledge.

Hinduja, S., & Patchin, J. W. (2018). *Preventing cyberbullying: Top ten tips for educators*. Retrieved from https://cyberbullying.org/Top-Ten-Tips-Educators-Cyberbullying-Prevention.pdf

Hinduja, S., & Patchin, J. W. (2019). *2019 cyberbully data*. Retrieved from https:// cyberbullying.org/2019-cyberbullying-data

Hinduja, S., & Patchin, J. W. (2020). *Cyberbullying identification, prevention, and response*. Retrieved from https://cyberbullying.org/Cyberbullying-Identification-Prevention-Response-2019.pdf

Hines, E. M., Moore, J. L., Mayes, R. D., Harris, P. C., Vega, D., Robinson, D. V., Gray, C. N., & Jackson, C. E. (2017). Making student achievement a priority: The role of school counselors in turnaround schools. *Urban Education, 55*(2), 216-237. https://doi.org/10.1177/0042085916685761

Holden, K. B., Bradford, L. D., Hall, S. P., & Belton, A. S. (2013). Prevalence and correlates of depressive symptoms and resiliency among African American women in a community-based primary health care center. *Journal of Health Care for the Poor and Underserved, 24*(4), 79-93. https://doi.org/10.1353/ hpu.2014.0012

Holman L. F., Nelson, J., & Watts, R. (2019). Organizational variables contributing to school counselor burnout: An opportunity for leadership, advocacy, collaboration, and systemic change. *Professional Counselor, 9*(2), 126-141. https://doi.org/10.15241/lfh.9.2.126

Holman, L. F., & Grubbs, L. (2018). Examining the theoretical framework for the unique manifestation of burnout among high school counselors. *Journal of Counselor Preparation and Supervision, 11*(1). https://repository.wcsu.edu/jcps/vol11/iss1/12

Holt, K. (2014). *Child protection*. Palgrave Macmillan.

Holt, M. K., Kantor, G. K., & Finkelhor, D. (2009). Parent/child concordance about bullying involvement and family characteristics related to bullying and peer victimization. *Journal of School Violence, 8*, 42-63. https://doi.org/10.1080/15388220802067813

Hong, J. S., & Espelage, D. L. (2012). A review of research on bullying and peer victimization in school: An ecological system analysis. *Aggression and Violent Behavior, 17*(4), 311-322. https://doi.org/10.1016/j.avb.2012.03.003

hooks, b. (1998). Feminism: A transformational politic. In P. S. Rothenberg (Ed.), *Race, class, and gender in the United States* (pp. 579-586). St. Martin's Press.

Hoover-Dempsey, K. V., Whitaker, M. C., & Ice, C. L. (2009). Motivation and commitment to family-school partnerships. In S. L. Christensen & A. L. Reschly (Eds.), *Handbook of school-family partnerships* (pp. 30-60). Routledge.

Howarth E., Moore, T. H. M., Welton, N. J., Lewis, N., Stanley, N., MacMillan, H., Shaw, A., Hester, M., Bryden, P., & Feder, G. (2016). IMPRoving Outcomes for children exposed to domestic ViolencE (IMPROVE): An evidence synthesis. *Public Health Research, 4*(10), 1-342. https://doi.org/10.3310/phr04100

Hughes, K., Bellis, M. A., Hardcastle, K. A., Sethi, D., Butchart, A., Mikton, C., Jones, L., & Dunne, M. P. (2017). The effect of multiple adverse childhood experiences on health: A systematic review and meta-analysis. *Lancet Public Health, 2*(8), e356-e366. https://doi.org/10.1016/S2468-2667(17)30118-4

Hungerford, A., Wait, S. K., Fritz, A. M., & Clements, C. M. (2012). Exposure to intimate partner violence and children's psychological adjustment, cognitive functioning, and social competence: A review. *Aggression and Violent Behavior,*

17(4), 373-382. https://doi.org/10.1016/j.avb.2012.04.002

Iachini, A. L., Petiwala, A. F., & DeHart, D. D. (2016). Examining adverse childhood experiences among students repeating the ninth grade: Implications for school dropout prevention. *Children & Schools, 38*, 218-227. https://doi.org/10.1093/cs/cdw029

Ivey, A. E., & Zalaquett, C. P. (2011). Neuroscience and counseling: Central issue for social justice leaders. *Journal for Social Action in Counseling and Psychology, 3*, 103-116.

Jackson, C., & Dempster, S. (2009). "I sat back on my computer with a bottle of whisky next to me": Constructing "cool" masculinity through "effortless" achievement in secondary and higher education. *Journal of Gender Studies, 18*(4), 341-356. https://doi.org/10.1080/09589230903260019

Janosz, M. (2012). Outcomes of engagement and engagement as an outcome: Some consensus, divergences, and unanswered questions. In S. L. Christenson, A. L. Reschly, & C. Wylie (Eds.), *Handbook of research on student engagement* (pp. 695-703). Springer.

Jenney, A., Alaggia, R., & Niepage, M. (2016). "The lie is that it's not going to get better": Narratives of resilience from childhood exposure to intimate partner violence. *International Journal of Child and Adolescent Resilience, 4*(1), 64-76. https://ijcar-rirea.ca/index.php/ijcar-rirea/article/view/199

Johnson, E. I., & Easterling, B. A. (2015). Coping with confinement: Adolescents' experiences with parental incarceration. *Journal of Adolescent Research, 30*(2), 244-267. https://doi.org/10.1177/0743558414558593

Jones, J. M., Begay, K. K., Nakagawa, Y., Cevasco, M., & Sit, J. (2016). Multicultural counseling competence training: Adding value with multicultural consultation. *Journal of Educational and Psychological Consultation, 26*(3), 241-265. https://doi.org/10.1080/10474412.2015.1012671

Jozefowicz-Simbeni, D. H. (2008). An ecological and developmental perspective on dropout risk factors in early adolescence: Role of school social workers in dropout prevention efforts. *Children and Schools, 30*(1), 49-62. https://doi.org/10.1093/cs/30.1.49

Juhnke, G. A., Granello, D. H., & Granello, P. F. (2011). *Suicide, self-injury, and violence in the schools: Assessment, prevention, and intervention strategies.* Wiley.

Kahn, B. B. (2000). A model of solution-focused consultation for school counselors. *Professional School Counseling, 3*, 248-254.

King, N., & Ross, A. (2003). Professional identities and interprofessional relations: Evaluation of collaborative community schemes. *Social Work in Health Care, 38*(2), 51-72. https://doi.org/10.1300/J010v38n02_03

Knous-Westfall, H., Ehrensaft, M., MacDonell, K., & Cohen, P. (2012). Parental intimate partner violence, parenting practices, and adolescent peer bullying: A prospective study. *Journal of Child and Family Studies, 21*, 754-766. https://doi.org/10.1007/s10826-011-9528-2

Kolbert, J. B., Schultz, D., & Crothers, L. M. (2014). Bullying prevention and the parent involvement model. *Journal of School Counseling, 12*(7), 1-20.

Kozina, K., Grabovari, N., De Stefano, J., & Drapeau, M. (2010). Measuring changes in counselor self-efficacy: Further validation and implications for training and supervision. *The Clinical Supervisor, 29*(2), 117-127. https://doi.org/10.1080/07325223.2010.517483

Kupchick, A., & Ellis, N. (2008). School discipline and security: Fair for all students. *Youth Society, 39*(4), 549-574. https://doi.org/10.1177/ 0044118X07301956

LaFleur, L. B. (2007). *Counselors' perceptions of identity and attitudinal differences between counselors and other mental health professionals* [Unpublished doctoral dissertation]. University of New Orleans.

Larson, L. M., Suzuki, L. A., Gillespie, K. N., Potenza, M. T., Bechtel, M. A., & Toulouse, A. L. (1992). Development and validation of the Counseling Self-Estimate Inventory. *Journal of Counseling Psychology, 39*(1), 105-120. https://doi.org/10.1037/0022-0167.39.1.105

Lawson, G., & Myers, J. E. (2011). Wellness, professional quality of life, and career-sustaining behaviors: What keeps us well?. *Journal of Counseling and Development, 89*(2), 163-171. https://doi.org/10.1002/j.1556-6678.2011.tb00074.x

Lazear, K. J., Roggenbaum, S., & Blase, K. (2012). *The youth suicide prevention school-based guide*. University of South Florida.

Lee, M. Y., Teater, B., Hsu, K. S., Greene, G. J., Fraser, J. S., Solovey, A. D., & Grove, D. (2013). System collaboration with schools and treatment of severely emotionally disturbed children or adolescents. *Children & Schools, 35*(3), 155-168. https://doi.org/10.1093/cs/cdt013

Lee, R. E., & Whiting, J. B. (2007). Foster children's expressions of ambiguous loss. *The American Journal of Family Therapy, 35*(5), 417-428. https://doi.org/10.1080/01926180601057499

Lee, S. M., Cho, S. H., Kissinger, D., & Ogle, N. T. (2010). A typology of burnout in professional counselors. *Journal of Counseling & Development, 88*(2), 131-138. https://doi.org/10.1002/j.1556-6678.2010.tb00001.x

Leibowitz-Nelson, S. B., Baker, S. B., & Nassar, S. C. (2020). Multicultural and social justice counseling competencies: Institutional interventions for professional school counselors. *Journal of Counselor Leadership and Advocacy, 7*(1), 42-54. https://doi.org/10.1080/2326716X.2020.1727384

Lent, R. W., Hill, C. E., & Hoffman, M. A. (2003). Development and validation of the Counselor Activity Self-Efficacy Scales. *Journal of Counseling Psychology, 50*(1), 97-108. https://doi.org/10.1037/0022-0167.50.1.97

Leonard, J. (2011). Using Bronfenbrenner's ecological theory to understand community partnerships: A historical case study of one urban high school. *Urban Education, 46*(5), 987-1010. https://doi.org/10.1177/0042085911400337

Leone, R. A. (2021). Using ambiguous loss to address perceived control during the COVID-19 pandemic. *Counseling and Family Therapy Scholarship Review, 3*(2), 1-11. https://doi.org/10.53309/ZLPN6696

Lever, N. A., Adelsheim, S., Prodente, C., Christodulu, K. V., Ambrose, M. G., Schlitt, J., & Weist, M. D. (2003). System, agency, and stakeholder collaboration to advance mental health programs in schools. In M. D. Weist, S. Evans, & N. Lever (Eds.), *Handbook of school mental health: Advancing practice and research* (pp. 149-162). Kluwer Academic.

Lloyd, M. (2018). Domestic violence and education: Examining the impact of domestic violence on young children, children, and young people and the potential role of schools. *Frontiers in Psychology, 9*, 2094. https://doi.org/10.3389/fpsyg.2018.02094

Lloyd, M., Ramon, S., Vakalopoulou, A., Videmšek, P., Meffan, C., Roszczynska-Michta, J., & Rollè, L. (2017). Women's experiences of domestic violence and mental health: Findings from a European empowerment project. *Psychology of Violence, 7*(3), 478-487. https://doi.org/10.1037/vio0000111

Lovelace, M. D., Reschly, A. L., & Appleton, J. J. (2017). Beyond school records: The value of cognitive and affective engagement in predicting dropout and on-time graduation. *Professional School Counseling, 21*(1). https://doi.org/10.5330/1096-2409-21.1.70

Luke, M., & Bernard, J. M. (2006). The school counseling supervision model: An extension of the discrimination model. *Counselor Education and Supervision, 45*(4), 282-296. https://doi.org/10.1002/j.1556-6978.2006.tb00004.x

Martin, A. J., & Marsh, H. W. (2009). Academic resilience and academic buoyancy: Multidimensional and hierarchical conceptual framing of causes, correlates, and cognate constructs. *Oxford Review of Education, 35*, 353-370. https://doi.org/10.1080/03054980902934639

Martinez-Torteya, C., Bogat, A. G., von Eye, A., & Levendosky, A. A. (2009). Resilience among children exposed to domestic violence: The role of risk and protective factors. *Child Development, 80*(2), 562-577. https://doi.org/10.1111/j.1467-8624.2009.01279.x

Maslach, C., Schaufeli, W. B., & Leiter, M. P. (2001). Job burnout. *Annual Review of Psychology, 52*, 397-422. https://doi.org/10.1146/annurev.psych.52.1.397

Masten, A. S., Burt, K. B., & Coatsworth, J. D. (2006). Competence and psychopathology in development. In D. Cicchetti & D. Cohen (Eds.), *Developmental psychopathology, Vol. 3: Risk, disorder and psychopathology* (2nd ed., pp. 696-738). Wiley.

Matias, C. E., & Zembylas, M. (2014). When saying you care is not really caring: Emotions of disgust, whiteness ideology, and teacher education. *Critical Studies in Education, 55*(3), 319-337. https://doi.org/10.1080/17508487.2014.922489

McCarthy, C., Van Horn Kerne, V., Calfa, N. A., Lambert, R. G., & Guzman, M. (2010). An exploration of school counselors' demands and resources: Relationship to stress, biographic, and caseload characteristics. *Professional School Counseling, 13*(3), 146-158. https://doi.org/10.1177/2156759X100 1300302

McClain, S., Beasley, S. T., Jones, B., Awosogba, O., Jackson, S., & Cokley, K. (2016). An examination of the impact of racial and ethnic identity, impostor feelings, and minority status stress on the mental health of Black college students. *Journal of Multicultural Counseling and Development, 44*(2), 101-117. https://doi.org/10.1002/jmcd.12040

McCloskey, L., & Stuewig, J. (2001). The quality of peer relationships among children exposed to family violence. *Development and Psychopathology, 13*(1), 83-96. https://doi.org/10.1017/S0954579401001067

McDermott, E. R., Donlan, A. E., & Zaff, J. F. (2019). Why do students drop out?: Turning points and long-term experiences. *Journal of Educational Research, 112*(2), 270-282. https://doi.org/10.1080/00220671.2018.1517296

Mellin, E. A. (2009). Unpacking interdisciplinary collaboration in expanded school mental health: A conceptual model for developing the evidence base. *Advances in School Mental Health Promotion, 2*(3), 4-14. https://doi.org/10.1080/175473 0X.2009.9715706

Meyers, L. (2014). The toll of childhood trauma. *Counseling Today, 57*, 28-36.

Miller, F. A., & Katz, J. H. (2014). Four keys to accelerating collaboration. *OD Practitioner, 46*(1), 6-11. http://www.odnetwork.org/?page= Publications

Monteiro-Leitner, J., Asner-Self, K. K., Milde, C., Leitner, D. W., & Skelton, D. (2006). The role of the rural school counselor: Counselor, counselor-in-training, and principal perceptions. *Professional School Counseling, 9*(3), 248-251. https://www.jstor.org/stable/42732678

Moore, K. A., Redd, Z., Burkhauser, M., Mbwana, K., & Collins, A. (2009). *Children in poverty: Trends, consequences and policy options.* Child Trends Research Brief. Retrieved from http://www.childtrends.org/publications/children-in-poverty-trends-consequences-and-policy-options-april-2009

Morales, E. E. (2010). Linking strengths: Identifying and exploring protective factor clusters in academically resilient low-socioeconomic urban students of color. *Roeper Review, 32*(3), 164-175. https://doi.org/10.1080/02783193.2010.485302

Morton, B. M., & Berardi, A. A. (2018). Trauma-informed school programing: Applications for mental health professionals and educator partnerships. *Journal of Child & Adolescent Trauma, 11*, 487-493. https://doi.org/10.1007/s40653-017-0160-1

Mruk, C. (2013). *Self-esteem and positive psychology: Research, theory and practice.* Springer.

Mullender, A., Hague, G., Imam, U., Kelly, L., Malos, E., & Regan, L. (2002). *Children's perspectives on domestic violence.* Sage.

Murray, C., & Malmgren, K. (2005). Implementing a teacher-student relationship program in a high-poverty urban school: Effects on social, emotional, and academic adjustment and lessons learned. *Journal of School Psychology, 43*(2), 137-152. https://doi.org/10.1016/j.jsp.2005.01.003

National Child Traumatic Stress Network. (2013). *Understanding child trauma.* Author. Retrieved from https://www.nctsn.org/resources/understanding-child-trauma-and-nctsn

National Child Traumatic Stress Network. (2014). *Complex trauma: Facts for educators.* Author. Retrieved from https://www.nctsn.org/resources/complex-trauma-facts-educators

Neal, J. W., & Neal, Z. P. (2013). Nested or networked?: Future directions for ecological systems theory. *Social Development, 22*(4), 722-737. https://doi.org/10.1111/sode.12018

Neblett, E. W., Jr., Hammond, W. P., Seaton, E. K., & Townsend, T. G. (2010). Underlying mechanisms in the relationship between Africentric worldview and depressive symptoms. *Journal of Counseling Psychology, 57*(1), 105-113. https://doi.org/10.1037/a0017710

Noguera, P. A., & Wells, L. (2011). The politics of school reform: A broader and bolder approach for Newark. *Berkeley Review of Education, 2*(1), 5-25. https://doi.org/10.5070/B82110065

O'Connor, R. C. (2011). The integrated motivational-volitional model of suicidal behavior. *Crisis, 32*, 295-298. https://doi.org/10.1027/0227-5910/a000120

Ofsted, Care Quality Commission, HM Inspectorate of Probation, HM Inspectorate of Constabulary, Fire, and Rescue Services, & HM Inspectorate of Constabulary (2017). *The multi-agency response to children living with domestic abuse: Prevent, protect and repair.* Joint Targeted Area Inspection. Retrieved from https://assets.publishing.service.gov.uk/government/uploads/system/uploads/attachment_data/file/1062330/JTAI_domestic_abuse_18_Sept_2017.pdf

Olweus, D. (2013). School bullying: Development and some important challenges. *Annual Review of Clinical Psychology, 9*, 751-780. https://doi.org/10.1146/annurev-clinpsy-050212-185516

Oravecz, L. M., Koblinsky, S. A., & Randolph, S. M. (2008). Community violence, interpartner conflict, parenting, and social support as predictors of the social competence of African American preschool children. *Journal of Black Psychology, 34*(2), 192-216. https://doi.org/10.1177/0095798408 314142

Oravecz, L. M., Osteen, P. J., Sharpe, T. L., & Randolph, S. M. (2011). Assessing low-income African-American pre-schoolers' behaviour problems in relationship to community violence, inter-partner conflict, parenting, informal social support and social skills. *Child & Family Social Work, 16*(3), 310-324. https://doi.org/10.1111/j.1365-2206.2010.00742.x

Orpinas, P., & Horne, A. M. (2006). *Bullying prevention: Creating a positive school climate and developing social competence.* American Psychological Association. Retrieved from https://psycnet.apa.org/doi/10.1037/11330-000

Orrock, J., & Clark, M. A. (2018). Using systems theory to promote academic success for African American males. *Urban Education, 53*(8), 1013-1042. https://doi.org/10.1177/0042085915613546

Oymak, C. (2018). High school students' views on who influences their thinking about education and careers. *U.S. Department of Education, National Center for Education Statistics.* Retrieved from https://nces.ed.gov/pubsearch/pubsinfo.asp?pubid¼2018088

Paisley, P. O., & McMahon, H. G. (2001). School counseling for the 21st century: Challenges and opportunities. *Professional School Counseling, 5*(2), 106-116.

Paolini, A. (2018). Cyberbullying: Role of the school counselor in mitigating the silent killer epidemic. *International Journal of Educational Technology, 5*(1), 1-8.

Perfect, M., Turley, M., Carlson, J., Yohanna, J., & Saint Gilles, M. (2016). School-related outcomes of traumatic event exposure and traumatic stress symptoms in students: A systematic review of research from 1990 to 2015. *School Mental Health, 8*, 7-43. https://doi.org/10.1007/s12310-016-9175-2

Perry, B. D. (2009). Examining child maltreatment through a neurodevelopmental lens: Clinical applications of the neurosequential model of therapeutics. *Journal of Loss & Trauma, 14*(4), 240-255. https://doi.org/10.1080/1532502 0903004350

Phillips, D. A. (2005). Reproducing normative and marginalized masculinities: Adolescent male popularity and the outcast. *Nursing Inquiry, 12*(3), 219-230. https://doi.org/10.1111/j.1440-1800.2005.00271.x

Pistole, M. C., & Roberts, A. (2002). Mental health counseling: Toward resolving identity confusions. *Journal of Mental Health Counseling, 24*, 1-19.

Pollack, W. S. (2006). The "war" for boys: Hearing "real boys" voices, healing their pain. *Professional Psychology: Research and Practice, 37*(2), 190-195. https://psycnet.apa.org/doi/10.1037/0735-7028.37.2.190

Porche, M. V., Fortuna, L. R., Lin, J., & Alegria, M. (2011). Childhood trauma and psychiatric disorders as correlates of school dropout in a national sample of young adults. *Child Development, 82*(3), 982-998. https://doi.org/10.1111/j.1467-8624.2010.01534.x

Porter, G., Epp, L., & Bryant, S. (2000). Collaboration among school mental health professionals: A necessity, not a luxury. *Professional School Counseling, 3*, 315-322.

Preter, M. D., & Hooghe, A. (2012). Documenting children's life stories. In Neimeyer R. A. (Ed.), *Techniques of grief therapy: Creative practices for counseling the bereaved* (pp. 193-195). Routledge.

Prilleltensky, I. (2008). The role of power in wellness, oppression, and liberation: The promise of psychopolitical validity. *Journal of Community Psychology, 36*(2), 116-136. https://doi.org/10.1002/jcop.20225

Prilleltensky, I., & Gonick, L. (1996). Politics change, oppression remains: On the psychology and politics of oppression. *Journal of Political Psychology, 17*(1), 127-148. https://doi.org/10.2307/3791946

Puzzo, I., Smaragdi, A., Gonzalez, K., Martin-Key, N., & Fairchild, G. (2016). Neurobiological, neuroimaging, and neuropsychological studies of children and adolescents with disruptive behavior disorders. *Family Relations, 65*(1), 134-150. https://doi.org/10.1111/fare.12182

Ramon, S. (2015). Intersectionalities: Intimate partner domestic violence and mental health within the European context. *Intersectionalities: A Global Journal of Social Work Analysis, Research, Polity, and Practice, 4*(2), 76-100.

Rappaport, N., Osher, D., Garrison, G. E., Anderson-Ketchmark, C., & Dwyer, K. (2003). Enhancing collaboration within and across disciplines to advance mental health programs in schools. In M. D. Weist, S. Evans, & N. Lever (Eds.), *Handbook of school mental health: Advancing practice and research* (pp. 107-118). Kluwer Academic.

Ratts, M. J., DeKruyf, L., & Chen-Hayes, S. F. (2007). The ACA advocacy competencies: A social justice advocacy framework for professional school counselors. *Professional School Counseling, 11*(2), 90-97. https://doi.org/10.1177/2156759X0701100203

Ratts, M. J., & Hutchins, A. M. (2009). ACA advocacy competencies: Social justice advocacy at the client/student level. *Journal of Counseling & Development, 87*(3), 269-275. https://doi.org/10.1002/j.1556-6678.2009.tb00106.x

Ratts, M. J., Singh, A. A., Nassar-McMillan, S., Butler, S. K., & McCullough, J. R. (2016). Multicultural and social justice counseling competencies: Guidelines for the counseling profession. *Journal of Multicultural Counseling and Development, 44*(1), 28-48. https://doi.org/10.1002/jmcd.12035

Rayle, A. D. (2006). Do school counselors matter?: Mattering as a moderator between job stress and job satisfaction. *Professional School Counseling, 9*(3), 206-215. http://www.jstor.org/stable/42732672

Reavie, M. (2015). Establishing best practice in school counselling via collaborative leadership in the counsellor-school administrator dyad. *Canadian Journal of Educational Administration and Policy, 174*, 1-24.

Reiner, S. M., & Hernandez, T. J. (2013). Are we going in the right direction?: Concerns about school counseling. *Michigan Journal of Counseling, 39*(2), 28-41.

https://doi.org/10.22237/mijoc/1356998580

Reschly, A. L., & Christenson, S. L. (2012). Moving from "context matters" to engaged partnerships with families. *Journal of Educational and Psychological Consultation, 22*(1-2), 62-78. https://doi.org/10.1080/10474412.2011.649650

Rivers, I., & Noret, N. (2010). Participant roles in bullying behavior and their association with thoughts of ending one's life. *Crisis, 31*(3), 143-148. https://psycnet.apa.org/doi/10.1027/0227-5910/a000020

Robbins, T., Stagman, S., & Smith, S. (2012). *Young children at risk: National and state prevalence of risk factors*. Retrieved from http://nccp.org/publications/pdf/text_1073.pdf

Roberts-Dobie, S., & Donatelle, R. J. (2007). School counselors and student self-injury. *Journal of School Health, 77*(5), 257-264. https://doi.org/10.1111/j.1746-1561.2007.00201.x

Robinson, J., Cox, G., Bailey, E., Hetrick, S., Rodrigues, M., Fisher, S., & Herrman, H. (2016). Social media and suicide prevention: A systematic review. *Early Intervention in Psychiatry, 10*(2), 103-121. https://doi.org/10.1111/eip.12229

Robinson, L., & Segal, J. (2019). *Bullying and cyberbullying: How to deal with a bully and overcome bullying*. Retrieved from https://www.helpguide.org/articles/abuse/bullying-and-cyberbullying.htm

Rodriguez, C. M., & Tucker, M. C. (2011). Behind the cycle of violence, beyond abuse history: A brief report on the association of parental attachment to physical child abuse potential. *Violence and Victims, 26*(2), 246-256. https://doi.org/10.1891/0886-6708.26.2.246

Rogers, M. R., & O'Bryon, E. C. (2008). Advocating for social justice: The context for change in school psychology. *School Psychology Review, 37*(4), 493-498. https://doi.org/10.1080/02796015.2008.12087863

Rokop, J. J. (2003). *The effects of CPS mandated reporting on the therapeutic relationship: The client's perspective* [Unpublished doctoral dissertation]. Alliant International University.

Rosa, E. M., & Tudge, J. R. H. (2013). Urie Bronfenbrenner's theory of human development: Its evolution from ecology to bioecology. *Journal of Family Theory*

& *Review, 5*(4), 243-258. https://doi.org/10.1111/jftr.12022

Rumsey, A. D., & Milsom, A. (2019). Supporting school engagement and high school completion through trauma-informed school counseling. *Professional School Counseling, 22*(1). https://doi.org/10.1177/2156759X19867254

Rumsey, A., & Milsom, A. (2017). *Dropout prevention and trauma: Addressing a wide range of stressors that inhibit student success* [White paper]. Clemson, SC: National Dropout Prevention Center/Network. Retrieved from https://dropoutprevention.org/product/dropout-prevention-and-trauma/

Salami, S. O. (2010). Moderating effects of resilience, self-esteem and social support on adolescents' reactions to violence. *Asian Social Science, 6*(12), 101-110.

Salina, C., Girtz, S., Eppinga, J., Martinez, D., Kilian, D., Lozano, E., & Shines, T. (2013). All hands on deck: A comprehensive, results-driven counseling model. *Professional School Counseling, 17*(1), 63-75. https://doi.org/10.1177/2156759X0001700112

Salinas, C. L. (2021). Playing to heal: The impact of bereavement camp for children with grief. *International Journal of Play Therapy, 30*(1), 40-49. https://doi.org/10.1037/pla0000147

Sameroff, A. (2009). The transactional model. In A. Sameroff (Ed.), *The transactional model of development: How children and contexts shape each other* (pp. 3-22). American Psychological Association.

Schulze, J., Winter, L. A., Woods, K., & Tyldsley, K. (2019). An international social justice agenda in school psychology?: Exploring educational psychologists' social justice interest and practice in England. *Journal of Educational and Psychological Consultation, 29*(4), 377-400. https://doi.org/10.1080/10474412.2018.1531765

Schuurman, D. L., & DeCristofaro, J. (2010). Principles and practices of peer support groups and camp-based interventions for grieving children. In C. A. Corr & D. A. Balk (Eds.), *Children's encounters with death, bereavement, and coping* (pp. 359-372). Springer Publishing Company.

Schwab, R. (1997). Parental mourning and children's behavior. *Journal of Counseling and Development, 75*(4), 258-265. https://doi.org/10.1002/j.1556-6676.1997.tb02340.x

Sered, S. S., & Fernandopulle, R. (2005). Uninsured in America: Life and death in the land of opportunity. *Journal of Legal Medicine, 29*(1), 117-123. https://doi.org/10.1080/01947640701876531

Sheely, A. I., & Bratton, S. C. (2010). A strength-based parenting intervention with low-income African American families. *Professional School Counseling, 13*(3), 175-183. https://doi.org/10.1177/2156759X1001300305

Sherba, R. T., Linley, J. V., Coxe, K. A., & Gersper, B. E. (2019). Impact of client suicide on social workers and counselors. *Social Work in Mental Health, 17*(3), 279-301. https://doi.org/10.1080/15332985.2018.1550028

Sheridan, S. M., & Gutkin, T. B. (2000). The ecology of school psychology: Examining and changing our paradigm for the 21st century. *School Psychology Review, 29*(4), 485-502. https://doi.org/10.1080/02796015.2000.12086032

Shriberg, D., & Clinton, A. (2016). The application of social justice principles to global school psychology practice. *School Psychology International, 37*(4), 323-339. https://doi.org/10.1177/0143034316646421

Smith, C. O., Levine, D. W., Smith, E. P., Dumas, J., & Prinz, R. J. (2009). A developmental perspective of the relationship of racial-ethnic identity to self-construct, achievement, and behavior in African American children. *Cultural Diversity and Ethnic Minority Psychology, 15*(2), 145-157. https://psycnet.apa.org/doi/10.1037/a0015538

Smith, E. P., Connell, C. M., Wright, G., Sizer, M., Norman, J. M., Hurley, A., & Walker, S. N. (1997). An ecological model of home, school, and community partnerships: Implications for research and practice. *Journal of Educational and Psychological Consultation, 8*(4), 339-360. https://doi.org/10.1207/s1532768xjepc0804_2

Solheim, C., Zaid, S., & Ballard, J. (2016). Ambiguous loss experienced by transnational Mexican immigrant families. *Family Process, 55*(2), 338-353. https://doi.org/10.1111/famp.12130

Stark, P., & Noel, A. M. (2015). *Trends in high school dropout and completion rates in the United States: 1972–2012* (NCES 2015-015). U.S. Department of Education, National Center for Education Statistics. Retrieved from https://nces.ed.gov/

pubs2015/2015015.pdf

Sterne, A., & Poole, L. (2010). *Domestic violence and children: A handbook for schools and early years setting.* Routledge.

Stevanovic, P., & Rupert, P. A. (2004). Career-sustaining behaviors, satisfactions, and stresses of professional psychologists. *Psychotherapy: Theory, Research, Practice, Training, 41*(3), 301-309. https://doi.org/10.1037/0033-3204.41.3.301

Stewart, T. L., Latu, I. M., Branscombe, N. R., Phillips, N. L., & Ted, H. (2012). White privilege awareness and efficacy to reduce racial inequality improve White Americans' attitudes toward African Americans. *Journal of Social Issues, 68*(1), 11-27. https://doi.org/10.1111/j.1540-4560.2012.01733.x

Stomp Out Bullying. (2019). *Signs your child may be a cyberbully – tip sheet.* Retrieved from https://www.stompoutbullying.org/get-help/parents-page/tip-sheet-signs-your-child-may-be-cyberbully

Stop Bullying. (2019). *Digital awareness for parents.* Retrieved from https://www.stopbullying.gov/cyberbullying/digital-awareness-for- parents/index.html

Strayhorn, T. L. (2009). Different folks, different hopes: The educational aspirations of Black males in urban, suburban, and rural high schools. *Urban Education, 44*(6), 710-731. https://doi.org/10.1177/0042085908322705

Street, J. C., Taha, F., Jones, A. D., Jones, K. A., Carr, E., Woods, A., Woodall, S., & Kaslow, N. J. (2012). Racial identity and reasons for living in African American female suicide attempters. *Cultural Diversity and Ethnic Minority Psychology, 18*(4), 416-423. https://doi.org/10.1037/a0029594

Substance Abuse and Mental Health Services Administration. (2014). *SAMHSA's concept of trauma and guidance for a trauma-informed approach* (SMA14-4884). Retrieved from https://store.samhsa.gov/system/files/sma14-4884.pdf

Sue, D. W., & Sue, D. (2013). *Counseling the culturally diverse: Theory and practice* (6th ed.). Wiley.

Surgenor, P. W. G., Quinn, P., & Hughes, C. (2016). Ten recommendations for effective school-based, adolescent, suicide prevention programs. *School Mental Health, 8*, 413-424. https://doi.org/10.1007/s12310-016-9189-9

Swanston, J., Bowyer, L., & Vetere, A. (2014). Towards a richer understanding of school-age children's experiences of domestic violence: The voices of children and their mothers. *Clinical Child Psychology and Psychiatry, 19*(2), 184-201. https://doi.org/10.1177/1359104513485082

Swartz, H. A. (2020). The role of psychotherapy during the COVID-19 pandemic. *American Journal of Psychotherapy, 73*(2), 41-42. https://doi.org/10.1176/appi.psychotherapy.20200015

Tajima, E. A., Herrenkohl, T. I., Moylan, C. A., & Derr, A. S. (2011). Moderating the effects of childhood exposure to intimate partner violence: The roles of parenting characteristics and adolescent peer support. *Journal of Research on Adolescence, 21*(2), 376-394. https://doi.org/10.1111/j.1532-7795.2010.00676.x

Talevi, D., Socci, V., Carai, M., Carnaghi, G., Faleri, S., Trebbi, E., di Bernardo, A., Capelli, F., & Pacitti, F. (2020). Mental health outcomes of the CoViD-19 pandemic. *Rivista di Psichiatria, 55*(3), 137-144.

Testoni, I., Tronca, E., Biancalani, G., Ronconi, L., & Calapai, G. (2020). Beyond the wall: Death education at middle school as suicide prevention. *International Journal of Environmental Research and Public Health, 17*(7), 2398. https://doi.org/10.3390/ijerph17072398

Thomyangkoon, P., & Leenars, A. (2008). Impact of death by suicide of patients on Thai psychiatrists. *Suicide & Life-Threatening Behavior, 38*(6), 728-740. https://doi.org/3994/10.1521/suli.2008.38.6.728

Trice-Black, S., Riechel, M. E. K., & Shillingford, M. A. (2013). School counselors' constructions of student confidentiality. *Journal of School Counseling, 11*(12), 1-46.

Trickett, E. J., & Rowe, H. L. (2012). Emerging ecological approaches to prevention, health promotion, and public health in the school context: Next steps from a community psychology perspective. *Journal of Educational and Psychological Consultation, 22*(1-2), 125-140. https://doi.org/10.1080/10474412.2011.649651

Ttofi, M. M., & Farrington, D. P. (2011). Effectiveness of school-based programs to reduce bullying: A systematic and meta-analytic review. *Journal of Experimental Criminology, 7*, 27-56. https://doi.org/10.1007/s11292-010-9109-1

Tudge, J. R. (2008). *The everyday lives of young children: Culture, class, and child rearing in diverse societies*. Cambridge University Press.

Tudge, J. R. H., Mokrova, I., Hatfield, B., & Karnik, R. B. (2009). Uses and misuses of Bronfenbrenner's bioecological theory of human development. *Journal of Family Theory & Review, 1*(4), 198-210. https://doi.org/10.1111/j.1756-2589.2009.00026.x

Tudge, J. R. H., Payir, A., Merçon-Vargas, E., Cao, H., Liang, Y., Li, J., & O'Brien, L. (2016). Still misused after all these years?: A reevaluation of the uses of Bronfenbrenner's bioecological theory of human development. *Journal of Family Theory & Review, 8*(4), 427-445. https://doi.org/10.1111/jftr.12165

Twemlow, S. W., Fonagy, P., & Sacco, F. C. (2004). The role of the bystander in the social architecture of bullying and violence in schools and communities. *Youth Violence: Scientific Approaches to Prevention, 1036*(1), 215-232. https://doi.org/10.1196/annals.1330.014

Twenge, J. M., Joiner, T. E., Rogers, M. L., & Martin, G. N. (2018). Increases in depressive symptoms, suicide-related outcomes, and suicide rates among U.S. adolescents after 2010 and links to increased new media screen time. *Clinical Psychological Science, 6*(1), 3-17. https://doi.org/10.1177/2167702617723376

Utsey, S. O., Adams, E. P., & Bolden, M. (2000). Development and initial validation of the Africultural Coping Systems Inventory. *Journal of Black Psychology, 26*(2), 194-215. https://doi.org/10.1177/0095798400026002005

Utsey, S. O., Bolden, M. A., Lanier, Y., & Williams, O. (2007). Examining the role of culture-specific coping as a predictor of resilient outcomes in African Americans from high-risk urban communities. *Journal of Black Psychology, 33*(1), 75-93. https://doi.org/10.1177/0095798406295094

Uwah, C. J., McMahon, H. G., & Furlow, C. F. (2008). School belonging, educational aspirations, and academic self-efficacy among African American male high school students: Implications for school counselors. *Professional School Counseling, 11*(5), 296-305. https://doi.org/10.1177/2156759X0801100503

Vallance, K. (2004). Exploring counsellor perceptions of the impact of counselling supervision on clients. *British Journal of Guidance & Counselling, 32*(4), 559-574. https://doi.org/10.1080/03069880412331303330

van den Bergh, L., Denessen, E., Hornstra, L., Voeten, M., & Holland, R. W. (2010).

The implicit prejudiced attitudes of teachers: Relations to teacher expectations and the ethnic achievement gap. *American Educational Research Journal, 47*(2), 497-527. https://doi.org/10.3102/0002831209353594

van der Feltz-Cornelis, C. M., Sarchiapone, M., Postuvan, V., Volker, D., Roskar, S., Tančič, A., Carli, V., McDaid, D., O'Connor, R., Maxwell, M., Ibelshäuser, A., Audenhove, C. V., Scheerder, G., Sisask, M., Gusmão, R., & Hegerl, U. (2011). Best practice elements of multilevel suicide prevention strategies: A review of systematic reviews. *Crisis, 32*(6), 319-333. https://doi.org.10.1027/0227-5910/a000109

van der Kolk, B. A. (2015). *The body keeps the score: Brain, mind, and body in the healing of trauma*. Penguin Books.

van Geel, M., Vedder, P., & Tanilon, J. (2014). Relationship between peer victimization, cyberbullying, and suicide in children and adolescents: A meta-analysis. *Journal of the American Medical Association Pediatrics, 168*(5), 435-442. https://doi.org/10.1001/jamapediatrics.2013.4143

Vanderbilt-Adriance, E., & Shaw, D. S. (2008). Protective factors and the development of resilience in the context of neighborhood disadvantage. *Journal of Abnormal Child Psychology, 36,* 887-901. https://doi.org/10.1007/s10802-008-9220-1

Vargas, H. L. (2019). Enhancing therapist courage and clinical acuity for advancing clinical practice. *Journal of Family Psychotherapy, 30*(2), 141-152. https://doi.org/10.1080/08975353.2019.1608413

Vaughn, K., & Dugan, E. (2017). Integrating play therapy and mental health consultation. In R. L. Steen (Ed.), *Advances in psychology, mental health, and behavioral studies (APMHBS): Emerging research in play therapy, child counseling, and consultation* (pp. 232-248). Information Science Reference. Retrieved from doi: 10.4018/978-1-5225-2224-9.ch013

Villalta, L., Smith, P., Hickin, N., & Stringaris, A. (2018). Emotion regulation difficulties in traumatized youth: A meta-analysis and conceptual review. *European Child & Adolescent Psychiatry, 27,* 527-544. https://doi.org/10.1007/s00787-018-1105-4

Vu, N. L., Jouriles, E. N., McDonald, R., & Rosenfield, D. (2016). Children's exposure to intimate partner violence: A meta-analysis of longitudinal associations with child adjustment problems. *Clinical Psychology Review, 46*, 25-33. https://doi.org/10.1016/j.cpr.2016.04.003

Walker, K. (2015). Improving the effectiveness of school counselling: Consensus, collaboration, and clinical supervision. *Canadian Journal of Counselling and Psychotherapy, 49*(3). https://cjc-rcc.ucalgary.ca/article/view/61041

Walkley, M., & Cox, T. L. (2013). Building trauma-informed schools and communities. *Children & Schools, 35*(2), 123-126. https://doi.org/10.1093/cs/cdt007

Wang, M.-C., Wong, Y. J., Nyutu, P. N., & Fu, C.-C. (2020). Suicidality protective factors among black college students: Which cultural and personal resources matter?. *Journal of Multicultural Counseling and Development, 48*(4), 257-270. https://doi.org/10.1002/jmcd.12198

Wang, M.-C., Wong, Y. J., Tran, K. K., Nyutu, P. N., & Spears, A. (2013). Reasons for living, social support, and Afrocentric worldview: Assessing buffering factors related to Black Americans' suicidal behavior. *Archives of Suicide Research, 17*(2), 136-147. https://doi.org/10.1080/13811118.2013.776454

Weed L. L. (1968). Medical records that guide and teach. *New England Journal of Medicine, 278*(11), 593-600. https://doi.org/10.1056/nejm196803142781105

Weist, M. D., Proescher, E., Prodente, C., Ambrose, M. G., & Waxman, R. P. (2001). Mental health, health, and education staff working together in schools. *Child and Adolescent Psychiatric Clinics of North America, 10*(1), 33-43.

Welfel, E. R. (2016). *Ethics in counseling and psychotherapy: Standards, research, and emerging issues* (6th ed.). Cengage Learning.

Wiggan, G. (2008). From opposition to engagement: Lessons from high achieving African American students. *The Urban Review, 40*, 317-349. https://doi.org/10.1007/s11256-007-0067-5

Wilder, C. (2018). Promoting the role of the school counselor. *Journal of Professional Counseling: Practice, Theory & Research, 45*(2), 60-68. https://doi.org/10.1080/15566382.2019.1646085

Wilkerson, K., & Bellini, J. (2006). Intrapersonal and organizational factors associated with burnout among school counselors. *Journal of Counseling & Development,*

84(4), 440-450. https://doi.org/10.1002/j.1556-6678.2006.tb00428.x

Williams, J. M., & Bryan, J. (2013). Overcoming adversity: High-achieving African American youths' perspectives on educational resilience. *Journal of Counseling & Development, 91*(3), 290-299. https://doi.org/10.1002/j.1556-6676.2013.00097.x

Williams, J. M., Bryan, J., Morrison, S., & Scott, T. R. (2017). Protective factors and processes contributing to the academic success of students living in poverty: Implications for counselors. *Journal of Multicultural Counseling and Development, 45*(3), 183-200. https://doi.org/10.1002/jmcd.12073

Williams, J. M., & Greenleaf, A. T. (2012). Ecological psychology: Potential contributions to social justice and advocacy in school settings. *Journal of Educational and Psychological Consultation, 22*(1-2), 141-157. https://doi.org/10.1080/10474412.2011.649653

Williams, J. M., & Portman, T. A. A. (2014). "No one ever asked me": Urban African American students' perceptions of educational resilience. *Journal of Multicultural Counseling and Development, 42*(1), 13-30. https://doi.org/10.1002/j.2161-1912.2014.00041.x

Williams, J. M., Steen, S., Albert, T., Dely, B., Jacobs, B., Nagel, C., & Irick, A. (2015). Academically resilient, low-income students' perspectives of how school counselors can meet their academic needs. *Professional School Counseling, 19*(1), 155-165. https://doi.org/10.5330/1096-2409-19.1.155

Williams, R. L., & Wehrman, J. D. (2010). Collaboration and confidentiality: Not a paradox but an understanding between principals and counselors. *National Association of Secondary School Principals Bulletin, 94*(2), 107-119. https://doi.org/10.1177/0192636510374229

Wise, E. H., Hersh, M. A., & Gibson, C. M. (2012). Ethics, self-care and well-being for psychologists: Reenvisioning the stress-distress continuum. *Professional Psychology: Research and Practice, 43*(5), 487-494. https://doi.org/10.1037/a0029446

Wolfe, D. A., Crooks, C. V., Lee, V., McIntyre-Smith, A., & Jaffe, P. G. (2003). The effects of children's exposure to domestic violence: A meta-analysis and critique. *Clinical Child and Family Psychology Review, 6,* 171-187. https://doi.

org/10.1023/A:1024910416164

Wong, M. M. (2008). Perceptions of parental involvement and autonomy support: Their relations with self-regulation, academic performance, substance use and resilience among adolescents. *North American Journal of Psychology, 10(*3), 497-518.

Woodland, M. H. (2008). Whatcha doin' after school?: A review of literature on the influence of after-school programs on young black males. *Urban Education, 43*(5), 537-560. https://doi.org/10.1177/0042085907311808

World Health Organization. (2010). *Framework for action on interprofessional education and collaborative practice.* Retrieved from http://www.who.int/hrh/resources/framework_action/en/index.html

Wyatt, S. (2009). The brotherhood: Empowering adolescent African-American males toward excellence. *Professional School Counseling, 12*(6), 463-470. https://doi.org/10.1177/2156759X0901200615

Wyner, J. S., Bridgeland, J. M., & Diiulio, J. J., Jr. (2007). *Achievementrap: How America is failing millions of high-achieving students from lower-income families.* Retrieved from http://www.jkcf.org/assets/1/7/Achieve-ment_Trap.pdf

Yildrim, I. (2008). Relationship between burnout, sources of social support and sociodemographic variables. *Social Behavior and Personality, 36*(5), 603-616. https://doi.org/10.2224/sbp.2008.36.5.603

Ysseldyke, J. E., Burns, M. K., Dawson, P., Kelly, B., Morrison, D., Ortiz, S., Rosenfield, S., & Telzrow, G. (2006). *School psychology: A blueprint for the future of training and practice III.* National Association of School Psychologists.

Ystgaard, M., Arensman, E., Hawton, K., Madge, N., van Heeringen, K., Hewitt, A., de Wilde, E. J., De Leo, D., & Fekete, S. (2009). Deliberate self-harm in adolescents: Comparison between those who receive help following self-harm and those who do not. *Journal of Adolescence, 32*(4), 875-891. https://doi.org/10.1016/j.adolescence.2008.10.010

Zhang, C., Yang, L., Liu, S., Ma, S., Wang, Y., Cai, Z., Du, H., Li, R., Kang, L., Su, M., Zhang, J., Liu, Z., & Zhang, B. (2020). Survey of insomnia and related social psychological factors among medical staff involved in the 2019 novel Coronavirus disease outbreak. *Frontiers in Psychiatry, 11*, 306. https://doi.org/10.3389/fpsyt.2020.00306

Ziomek-Daigle, J. (2010). Schools, families, and communities affecting the dropout rate: Implications and strategies for family counselors. *The Family Journal, 18*(4), 377-385. https://doi.org/10.1177/1066480710374871

Zyromski, B. (2007). African-American and Latino youth and post-traumatic stress syndrome: Effects on school violence and interventions for school counselors. *Journal of School Violence, 6*(1), 121-137. https://doi.org/10.1300/J202v06n01_08

國家圖書館出版品預行編目（CIP）資料

學校輔導與諮商：生態系統與多元文化取向／
張曉佩著. -- 初版. -- 新北市：心理出版社股份
有限公司, 2023.07
　　面；　公分. --（輔導諮商系列；21137）
　　ISBN 978-626-7178-60-7（平裝）

　1. CST：學校輔導

527.4　　　　　　　　　　　　　　　112008799

輔導諮商系列 21137

學校輔導與諮商：生態系統與多元文化取向

作　　者：張曉佩
執行編輯：林汝穎
總 編 輯：林敬堯
發 行 人：洪有義
出 版 者：心理出版社股份有限公司
地　　址：231026 新北市新店區光明街 288 號 7 樓
電　　話：(02) 29150566
傳　　真：(02) 29152928
郵撥帳號：19293172 心理出版社股份有限公司
網　　址：https://www.psy.com.tw
電子信箱：psychoco@ms15.hinet.net
排 版 者：龍虎電腦排版股份有限公司
印 刷 者：龍虎電腦排版股份有限公司
初版一刷：2023 年 7 月
I S B N：978-626-7178-60-7
定　　價：新台幣 270 元